日本的思想

日 本 の 思 想

08

丸山真男

Maruyama Masao

目錄

結論

第二部　近代日本的思想與文學——作為一個案例研究——……99

導讀

一　關於翻譯

這是筆者第一次翻譯一整本的學術書。但不知是幸或不幸，第一本就選了超級難翻的書。這兩年來，我跟幾個日本思想史領域的人談到我在翻譯丸山真男的《日本的思想（日本の思想）》時，大家共通的反應就是，這本書很難。本書之難不僅在於其內容極具深度且論述的內容博雜但又有邏輯，也在於丸山本人的文體，及同為漢文圈國家間的中日文漢字語詞之類似和差異的問題。

內容的部分後述，筆者擬先就文體、文字的部分來談我的翻譯策略以讓讀者明白本翻譯書與原書的差異。首先，丸山的日文並不好讀，常常都是一連好幾行才一個斷句。若筆者按其文體去翻的話，中文世界的讀者恐更難讀懂本書，故在本書譯文中，筆者盡可能在不破壞我自己理解的意思情況下，重構文句，把丸山原本講的長句，分成二、三句。又，丸山習慣在文中標上重點記號，但中文書中較少使用，故本譯本中以黑體字表示之。再者，丸山的原文中論及的歐美學者都只是用片假名表示，本譯本則先把人名翻譯為中文後，再加上羅馬字母寫法和其生卒年。日本人名也都另外加上生卒年，方便中文世界讀者理解內容。

其次，日本與臺灣雖同在漢文圈，臺灣也被日本殖民過，許多學術用語都是從日本傳來的。但依然有許多的學術用語雖都翻成漢字，翻法卻不同，且日本除漢字外，也大量使用片假名來表述西方世界的學術用語。此外，中日文間的漢字意思本就存在著看似類似，實則有異的問題。僅舉一例來說明這中間的複雜狀況。如儘管中日文皆使用「全體」這個語詞，但在日文中常使用的「全體像」，在中文中並不使用，故本譯文翻為「總體像」。而且，日文的「全體主義」就是 **Totalitarianism** 的翻譯詞，而在臺灣則習慣翻譯為「極權主義」。然讓事情更複雜的是，丸山在使用「全體主義」來指涉 **Totalitarianism** 的同時，也用意思類似但發音有些差異的 Totalism 的片假名語詞（トータリズム）表述政治或科學全面地覆蓋、主導思考的

情況為「政治的トータリズム」和「科學的トータリズム」。對於這一丸山所創之語，本譯本翻為「政治的總體主義」、「科學的總體主義」。諸如此類，筆者在翻譯過程中，不斷在中日文間的類似與差異和丸山高超的造語能力間苦惱不已。

最後，本譯本是一九六一年出版的岩波新書《日本的思想》的第一本中文全譯本。中國大陸三聯書店出版過一本同名的書，那本書只譯出原書的第一章，即同名的〈日本的思想〉而已。該文的翻譯內容佳，是經過劉岳兵等人翻譯，再經由平石直昭和區建英修訂而成的，然似乎使用較多大陸的用語。本譯本在翻譯時也適度參考該譯本，然後再按筆者自己的理解翻譯。在此致謝。有餘力的讀者可再參讀該譯本。

二 《日本的思想》的內容

當然，最難的其實是論文內容。筆者雖自進入東京大學就讀後，就隨丸山真男的弟子同時也是研究丸山真男的權威平石直昭讀過丸山的《日本政治思想史研究》

和其福澤諭吉論等文章。不過，筆者專業畢竟不是近代西方政治思想或近代日本的普羅文學等，故在這方面內容的理解可能有不到位之處。但作為一個譯者，依然有義務對本譯文內容提出解說，方便讀者理解。

首先，按順序本書收錄Ⅰ〈日本的思想〉、Ⅱ〈近代日本的思想與文學〉、Ⅲ〈關於思想的應有方式〉、Ⅳ〈「是」與「做」〉四篇文章。但按丸山在本書〈後記〉所言和宮村治雄的建議[1]，閱讀的順序應是倒過來的方式比較好。即是Ⅳ→Ⅲ→Ⅱ→Ⅰ。或我們再考慮進寫作時間，以Ⅲ→Ⅳ→Ⅰ→Ⅱ的順序來理解、閱讀也可以。以下採後者的順序來介紹。

1 〈關於思想的應有方式〉

〈關於思想的應有方式〉發表於一九五七年六月。隔年，丸山開始寫名之為〈開國〉的論文。如宮村所指出的，這篇文章當與〈開國〉一起讀[2]。兩篇都運用了波普（Karl Popper）在《開放社會及其敵人》（*The Open Society and Its Enemies*）所提出的「開放社會」（open society）和「封閉社會」（closed society）這組概念。但相對於丸山在〈開國〉討論幕末維新的歷史情況（第二次開國），探究為何打破德川時代封閉社會所產生的各種要素、能量最後竟轉化為構築另一個封閉社會的集合力量。他提出的答案是，日本在獨立於國家之外的社會並不發達，即與政治不同次元的宗教、教育、學問、藝術等領域之自主結社傳統太弱[3]。若我們仔細讀〈關於思想的應有方式〉，會發現他討論的問題，與〈開國〉之論相關，但是這一篇的重點是在二戰後（第三次開國）的時間點，希望日本能朝向「開放社會」發展這種比較面向未來、且比較政治學式的考察。

筆者以為丸山所謂〈思想的應有方式〉當就是指為構築「開放社會」思想的應有方式，或說思考方法。所以，他在文中，首先強調人們往往以形象來判斷事物，但形象實際上與真實有許多落差，而日本社會的情況特別嚴重。有鑑於此，丸山提

1 宮村治雄，《丸山真男『日本の思想』精読》（東京：岩波書店，2001），頁29。
2 同上，頁83-85。
3 丸山真男，〈開國〉（收於《忠誠と反逆—転形期日本の精神史的位相》東京：筑摩書房，1992），頁194-196。

出有名的「竹刷子型」和「章魚罈型」這兩種社會類型來說明日本的特殊性。即他認為西方國家與日本一樣在近代化過程中皆產生了專業化、功能集團多元分化的現象，但相較於西方國家在別的次元有教會、沙龍等組織串起橫向的連結，日本則是章魚罈型的，故各個集團間難以有橫向的連結。即前述之公民社會、自主結社的傳統尚不發達。然有意思的是，丸山進一步指出日本中各個章魚罈型集團又各自向國際開放，故更難以意識到日本本身的封閉性，並容易有被害者意識等問題。從而，他提出學習含有多元形象之思考方法的必要性，認為這有助於日本走向相對開放之社會。

2〈「是」與「做」〉

在此文中，丸山以「是（である）」與「做（する）」這一組邏輯、價值對立的概念來討論歷史的進行和日本近代的特質。熟悉丸山著作的人大抵都會發現丸山經常以對立的兩個概念來進行論述。如在上文中，他使用「竹刷子型」和「章魚罈型」這兩種社會類型對比的方式論述，在早期的《日本政治思想史研究》中，他操作的是「公」與「私」和「自然」與「制作（作為）」等對立概念。「是（である）」與「做（する）」這組概念可說是「自然」與「制作（作為）」這組對立概念的口語版。兩者都是立基於從概念實在論到唯名論之思想發展這一近代西方哲學史的解釋。

所謂「是（である）」指一種持續的靜態狀態、屬性，「做（する）」則是動態過程、功能。在丸山看來，儒學（特別是朱子學）是「是」價值、邏輯的思想，德川社會也是「是」價值和邏輯主導的社會，故人們會依身分等已先天決定的價值、制度來分類，難以改變現狀。相較之，「做」價值、邏輯主導的近代社會中，社會價值是目的，依不同目的而有許多不同集團（公司、政黨、工會等），而制度為某目的的手段，是可重新創設的，並且允許自發的結社、重視業績。依據上述的論述，丸山認為近代日本的問題是，日本雖已發展為以「做」價值、邏輯為原則的社會，但在需要「做」價值、邏輯的政治領域依然會以「是」價值、邏輯主導，故造成「章魚罈」化。這連結到了上一篇論文的討論，但在這篇文章中，丸山再指出本應由「是」價值、邏輯主導的文學、藝術等文化領域反而發生「做」價值、邏輯快速滲透的情況。所以，他認為有必要在政治領域確立「做」價值、邏輯，在文化領域回復「是」價值、邏輯。這即是戰後民主主義的目標，將政治從被特定身分、集團所獨占的情況中解放給廣大獨立自主的公民。為此，他主張現代日本需要的是，「基進（從根部開始）的精神貴族主義和基進的民主主義從內部結合」。說白一點，即希望二戰後的日本人更具獨立自主的公民意識。他所謂的「精神的貴族主義」，當是一種獨立自主的精神和能尊重少數者權利，且能從他者內在面理解他者的「他者感覺」（寬容精神）[4]。總之，對丸山而言，民主主義不只是一種狀態，更需是在上述這種「精神的貴族主義」支持下，所展開的不斷溝通對話的過程。

3〈日本的思想〉

這篇大概是本書中最知名的文章。在為追求「開放社會」、自由獨立之政治主體、普遍主義的傳統等目標上，丸山在本文分析日本思想史的整體關聯性，試圖解釋日本近代的特殊性，及突破之道。所以，在這篇文章中，丸山再度以有共有基督教等普遍主義傳統的近代歐洲為對比對象，批評日本沒有形成一種可作為思想座標軸的傳統。只存在一種無結構的傳統，一方面讓新的外來文化、思想不斷地進入、蓄積；另一方面，無時間地並存的各種傳統會被突然憶起，並被操作、使用。而且，日本知識人會否定現實與規範的緊張關係，發展出對感性的尊重，及被動追隨既有事實的思惟傾向。從而，近代日本知識人也創造出以特殊的「國體」為統治正當性根據的天皇制這一「無責任的體系」。

為克服這一系列問題，與前述的形象論相關，丸山認為日本人當自覺到規範、制度、理論的虛構性與其極限，以及理論和現實兩者間的緊張關係。他認為社會契約說把兩者的二元緊張關係邏輯化，故雖社會契約說作為一種「學說」已顯得陳腐，然其中的緊張意識形成公民社會的傳統，成為我們不斷質疑權力正當性根據的泉源。但在丸山看來，日本知識人對於理論與現實差異的自覺是不夠的。故他一方

4　石田雄，〈丸山真男と市民社会〉，收錄於《丸山真男と市民社会　転換期の焦点5》（國民文化會議編，神奈川縣：世織書房，1997），頁17-23。

面批判日本知識人過度重視現實、非理性的情感，有拒斥理論的思想傾向，另一方面又有知識人過度重視理論、理性主義思惟的思想傾向。前者丸山名之為「實感信仰」，後者名之為「理論信仰」。他並且具體舉國學和近代日本文學為代表來批判日本社會中之「實感信仰」的問題，也舉日本知識界對馬克思主義的接受（特別是文學）來批判「理論信仰」的問題。丸山從這兩點來論述日本知識結構的問題性，但結果這一討論和批判引起許多文學家的反彈、批評。這當也是他再寫〈近代日本的思想與文學〉的原因之一。

4〈近代日本的思想與文學〉

這篇論文應是這本論文集中，論文的完成度最高，也最難懂的一篇。丸山在這篇論文中，從科學、政治、文學三個立體的視角來討論昭和文學史，以回應別人對上文他所提出的「實感信仰」和「理論信仰」論的批判。丸山先描述在明治末年文學與政治（國勢）是處於朝向進步而競爭的情況。然後，他再討論第一次世界大戰後，馬克思主義登場，把強調階級鬥爭的政治（社會政治）、具邏輯結構的思想（科學的世界觀）帶入日本文學界，造成衝擊，促使普羅文學興盛的情況。進而，丸山討論到「普羅文學史在日本文學思想整體中所具的『革命』意義是，『政治』從在與其競賽者的旁邊位置變為從正面以『絕對者』之姿，以切斷文學內心世界的方式出現」。亦即普羅文學強調政治優位的原則。又，普羅文學也極受馬克思主義的影響，而強調科學的批評方法、科學的世界觀，以致一種「科學的總體主義」、「政治的總體主義」的思惟君臨整個日本文學界乃至知識界。但因這些日本知識人過度強調科學法則、理性主義，輕視政治過程中之情感的、非理性的契機。即陷入前述「理論信仰」的問題。丸山批評這種「理論信仰」的傾向導致了責任主體（決斷主體）意識的薄弱。

所以，當在一九三三、一九三四年社會運動走下坡，轉向文學興起的同時，橫光利一、小林秀雄等重視心理的非理性契機的文學主義（文學至上主義）者也興起，他們以《文學界》為根據地，強調文學的自律、歷史的個體性、日本文化的特殊性等，批判科學主義。但也陷入前述「實感信仰」的問題。這一潮流最終發展為在一九四〇年左右成立日本文學報國會，致力於宣揚皇道文化，乃至那著名的「近代的超克」。這也使本來馬克思主義主導的政治優位原則被另一種皇道主義、「國體」思想主導的政治優位原則（即日中戰爭時期的超國家主義）回收。

最後，丸山藉由擁護知性自由和普遍性的威爾斯（Herbert George Wells，一八六六至一九四六）的政治思想來表達自己的信念，並提示今後日本當走的路。他說：「威爾斯所要提倡的是，讓我們更站在人類共通精神、普遍知性的基礎上來設置教育和報導的普遍性組織。他不是要抹殺知性上的個性差異，反而是要確認差異，同時組合以樹立全面的世界概念。」並且，他稱讚威爾斯是「在二十世紀現實當中一位具有『十八世紀的』啟蒙精神、不退卻的思想家」。

其實，丸山真男也是如此自我期許的[5]。丸山在本文中，批判「世界史哲學」思想家（高山岩男）。因為高山把重視個人權利思想的新憲法，因其源於古典自由主義思想就視之為陳腐。對於高山這一說法，丸山是相當不以為然的。正是在此意義上，丸山真男的戰後民主主義是立基於十八世紀啟蒙思想的。他雖在知識成長過程中，也吸收社會主義相關的思想內容，但他是站在十八、十九世紀自由主義的思想基礎上，展開其啟蒙工作與日本思想史書寫的。

以上是筆者對於本書內容理解的概述與說明，接下來，按此理解，筆者想討論《日本的思想》在丸山思想史中的位置。

三 《日本的思想》在丸山思想史中的位置

在討論這個問題前，我們必須說明丸山個人的著作到底有多少。丸山真男的相關著作有《丸山真男集》（十七冊）、《丸山真男集　別集》（四冊）、《丸山真男座談》（九冊）、《丸山真男回顧談》（兩冊）、《丸山講義錄》（九冊）、《丸山真男書簡集》（五冊）、《丸山真男話文集》（四冊）等。雖然離丸山去世已過二十幾年了，然因丸山去世的藏書和未刊草稿等都捐給學校法人東京女子大學，設立了丸山真男

5　丸山真男說：「我非常願意承認自己是十八世紀啟蒙精神的追隨者，依然固守人類進步這個『陳腐』觀念」（《現代政治の思想と行動》〈英語版への著者序文〉，收入《丸山真男集．第十二卷》東京：岩波書店，1996，頁480）。

文庫，並有管理委員會，故依然有許多相關作品在整理後陸續出版[6]。

在這麼多著作中，就個別著作來說，《日本政治思想史研究》（書中各章在二戰中已發表，一九五二年才結集成書出版）和《現代政治的思想與行動（現代政治の思想と行動）》（一九五六年出版）這兩本書是前期丸山思想的代表作。前者是日本政治思想史的研究，後者是二戰後對日本國內和國際政治的評論。一九六一年出版的《日本的思想》則是在這兩本經典基礎上，濃縮了他在之前書寫日本政治思想研究和討論當代政治議題時提出的種種想法。更重要的是，收錄在這本書中的論文都寫於一九五〇年代後期，該時期正是丸山再度轉向日本政治思想史研究的時期，且開始展開他以「文化接觸」為問題意識的日本政治思想史研究。所以，他思索著如下的問題。即何以日本在文化上是開放的，許多文化進入日本，並成為日本的傳統，但社會卻一直是封閉的，且可為思想座標軸的傳統也無法形成？這一個問題意識貫通這一整本書。這一問題意識後來也促使他從某種文化類型論角度切入日本思想史，展開有名的「原型」（「古層」「執拗低音」）論。即本書也可說是丸山之後思想發展的出發點。或理解為其原型論的序說[7]。平石直昭就指出〈日本的思想〉一文「確立了他以後言及日本思想之際的基礎性的立場這一點而言，它是極為重要的」[8]。丸山後來的「原型」論承受許多批評，但若我們能從《日本的思想》出發去理解他的「原型」論，便可知那不是一種單純的文化決定論、文化類型論，而是為突破文化決定論所做的知識上的努力。另外，讀者若有興趣與餘力，更應該把寫於一九五〇年代後期到一九六〇年代的文章（有許多收錄在《忠誠與反逆（忠誠と反逆）》）找出來一起讀，這樣當能更理解本書內容。

總之，本書對於理解丸山的思想而言，至關重要。事實上，也因其重要性，除不斷地再版外，在日本已有宮村治雄《丸山真男『日本的思想』精讀（丸山真男『日本の思想』精読）》（岩波書店，二〇〇一）、仲正昌樹《《日本的思想》講義

6 關於丸山真男的研究概況等問題，參閱藍弘岳，〈儒學與日本現代性：丸山真男論江戶儒學〉，（《文化研究》第 25 期，2017）。

7 宮村治雄，《丸山真男『日本の思想』精読》，頁 220。

8 平石直昭，〈中譯本《日本的思想》序文〉（收入《日本的思想》北京：三聯書店，2009），頁 5。

——網路時代，熟讀丸山真男（《日本の思想》講義——ネット時代に、丸山眞男を熟読する）》（作品社，二〇一二）這兩本專門解讀此書的解說書。就此意義而言，此書已是近代日本思想經典中的經典。但也如丸山自己在〈後述〉中所言，及如平石直昭提醒我們的，丸山本人對於此書並不滿意，故我們最好「要以置身於苦惱地寫作的丸山的思考現場，與他一同來思考問題的態度來閱讀」[9]。最後，希望這本《日本的思想》中譯本的出版，能讓更多中文世界的讀者同丸山一起來思考問題，並且能以之為基礎開拓比丸山更廣的視野，及更具深度的研究。

其次，我必須跟各位讀者說聲抱歉。因為身為這樣一本學術經典的譯者，或應將之視如經書，多加注釋以利讀者理解內容的。但一方面實在因時間和能力有限，無法針對特定重要概念和論點詳加注解，一方面也覺得過多單純事實的注釋似也無必要。因為現代網路與各種資料庫發達，各位讀者若有興趣的話，應能自行探索。也就是在這樣的猶豫和思考下，這個譯本以這樣的姿態呈現在中文讀者面前。不管如何，希望本書的出版能刺激中文學界更加關注日本思想史研究，並期待丸山的思考能啟發各位讀者思考各種問題。

最後，特別感謝遠足出版社的編輯群和陳乃蒨同學耐心幫助校正本譯本。

中央研究院史語所副研究員　藍弘岳

9　平石直昭，〈中譯本《日本的思想》序文〉，頁12。

第一部 ● 日本的思想

前言

日本思想史的概括性研究為何貧弱？

外國的日本思想史研究者常問我為何沒有可通觀整個日本「intellectual history」的書？每當我被這樣問時，我都不知該如何回答。這樣的問題之所以被提出來，是因為二戰後在西歐或美國開始出現不是以政治思想、社會思想或哲學思想等個別領域的思想史，而是概括這些種類、追溯各時代的「知性」狀態或世界觀之歷史變遷的研究。我想可能是受此趨勢刺激，他們才會這樣問的。為何此種趨勢在二戰後變得興盛呢？這本身就是有趣的問題，但廣義而言，這樣的研究方法在歐洲的思想史學未必罕見。它們就曾以「history of western ideas」、「Geistesgeschichte」等各種形式進行過了。

但在日本，雖有儒學史或佛教史等的研究傳統，然沿著時代的知性結構、世界觀發展或歷史關聯性的研究甚少，尚未形成研究傳統。津田左右吉《文學中出現的我國國民思想的研究（文学に現はれたる 我が国民思想の研究）》（全四卷，一九一六至一九二一）雖限定在「文學」，然是個早就從此方向研究的稀有例子。雖然過去日本也有因狄爾泰（Wilhelm Dilthey，一八三三至一九一一）等人的影響而有過「精神史」式研究流行的時代，但那也沒有能使以日本為對象的概括性研究固定下來。和辻哲郎《日本精神史研究》（正・續，一九二六至一九三五）雖也是重要業績，但依然是個別領域的研究，他把其通史研究寫成了**倫理**思想史。眾所周知，所謂日本精神史的範疇，是從日本《精神史》變為《日本精神》史，是往令人覺得可怕且獨斷與狂信的方向發展的。我們之中有許多人對於弗里德里希・希爾（Friedrich Heer，一九一六至一九八三）《歐洲精神史》、查爾斯・比爾德（Charles A. Beard，一八七四至一九四八）《美國精神的歷史》等標題的書，皆能以對普通學問關心的方式看待之。相對之，當看到「日本精神的歷史」這種文字表現時，則會感到有某種不安，難以用平常心看待。兩者間竟有如此巨大的差異！把這種感覺單純視之對戰時風潮的反動，把**原因**歸於「懲羹吹齏」的過敏症，並未能觸及問題的核心。雖然日本思想**論**或日本精神論從江戶時代的國學到今天以各種方式顯現，但比起日本史、日本文化史的研究，日本思想史的概括性研究明顯貧乏。那也正象徵了日本的「思想」在歷史所占有的地位與狀態。

日本缺乏思想的座標軸

在日本的各個時代中也有個別深刻的哲學思索，而且也有往往被膚淺理解但實際上是具獨創性的思想家。若限定時代，或只選出特定的學派或宗教系列的話另當別論；若要把握住貫穿整個日本史的思想整體結構，任誰都是不容易著手的。其原因已超出研究落後或研究方法的問題，而是深深扎根於對象本身固有的性質中。例如：要把融合到各個時代的文化或生活樣式中之各種觀念（「無常感」或「義理」與「出世」〔成功〕等），不是以**整個**社會的複合形態，而是以一個思想的方式抽出，立體地解明其內部結構，這件事本身就相當困難（九鬼周造的《粹的結構（いきの構造）》〔一九三〇〕等是其最成功的例子）。即使做到了，若談到那觀念與同時代的其他觀念有何關聯？之後在下個時代會如何內在地演變等問題時，就越來越不容易說明清楚。其次，即使以學者或思想家等更具理性自覺的思想為對象，雖然在同個學派、同個宗教的框架裡有對話，但若讓不同立場在共通知性上對決，從這個對決**中**產生新發展的例子不能說沒有，但我們可說那至少不會是一般的情況。也有像基督教那樣的情況，一開始傳教不久時，就如傳教士自己也會讚嘆的那樣，以飛快的速度擴大聲勢。也有的情況是，雖然有人的神學理解程度達到極高水平，但因外在條件而急遽失去力量，而且也幾乎淹沒在**思想史**的長流中了。一言以蔽之，也就是說，這是無論同意與否都賦予所有時代的觀念或思想相互關聯性，且全部的思想立場都能用與這一關聯性的關係（即使透過否定），而能將自己**以歷史相關性方式**來放置的核心或者座標軸這種思想傳統並未在日本形成。我們無須悲嘆或美化這樣的處境，首先要立足於現實，並從那裡出發。除此之外，別無他法。

自我認識的意義

卡爾・洛維特（Karl Löwith，一八九七至一九七三）曾把日本的「自愛」跟歐洲的自我批判精神對照討論（《歐洲的虛無主義（ヨーロッパのニヒリズム、*Der europäische Nihilismus*）》）。他所要說的，與失去「愛國心」且在思想上似陷於「自虐」的日本戰後狀況並不矛盾（其證據是在最近論壇可看到各種形式的「自愛」復活徵兆）。當然，我們從今開始要快速地具備歐洲基督教那種意義的傳統是不太可能的。因此，很明顯地我們也難以追上通過與傳統對決方式而形成的歐洲近代軌跡（即使是僅限定為割裂傳統基礎的近代**思想**）。問題在於我們**自己**必須瞭解到日本的「近代」，無論在哪一方面皆獨特地結合了超近代與**前**近代的性格。就此角度而言，與歐洲對比還是有其意義的。我們必須將之對象化來認識，若我們對這件事的理解只停留於旁觀、嘲諷、褒貶等情緒性反應或感性嗜好的層次，就無法真正地**從**我們自己所處的位置出發。若我們不更努力從結構性角度來瞭解日本「近代」的獨特性格（就思想領域而言，就是結構性地掌握各種無法被歷史結構化的思想），就會變成在近代化和前近代間以二者擇一的方式交相引發「反動」而已。

我把話題扯遠了，回到我原先的問題來說，我們要檢討到目前為止的思想狀態、批判模式、或者接受方式，若是其中有妨礙思想的累積和結構化的諸種契機，透過單方面地將該契機問題化的方式，即使未能追尋到最終的原因，至少也能從現在的地點開始前進，開拓出一條路。因為若無法改變思想與思想間無真正的對話或對決的「傳統」，大概就不能期待思想自身會形成某種傳統[1]。

所謂「傳統」思想與「外來」思想

我們經常把儒教或佛教，以及與這些思想體系「習合」而發達的神道，或江戶時代的國學等稱為傳統思想，並將之對比於明治以後傳入的許多歐洲思想。將這兩個種類區分開來並沒有錯，也有其意義。但將之分為傳統與非傳統兩個範疇，有可能會導致重大的誤解。就攝取外來思想，將之以各式各樣的形式留存在我們的生活樣式或意識之中，在文化中留下難以抹滅的烙印這點而言，歐洲產的思想已「傳統化」了。例如：翻譯思想，甚至連**誤**譯思想都以其特定的形式形構了我們的思考框架。從紀平正美（一八七四至一九四九）到鹿子木員信（一八八四至一九四九），無論是哪一個國粹主義思想家，若都只用《回天詩史》或《靖獻遺言》中之作者語彙或範疇，就無法展開其宏大的論述。就連蓑田胸喜（一八九四至一九四六）慷慨的「思想鬥爭」也整篇到處引用威廉．馮特（Wilhelm Maximilian Wundt，一八三二至一九二〇）與阿爾弗雷德．羅森堡（Alfred Ernst Rosenberg，一八九三至一九四六）的話。若把我們的思惟方式一一分解為各種要素，並再回溯各個要素的系譜的話，就會發現有佛教**的**、儒教**的**、薩滿教的、西歐的要素——總之，我們會看到在我們的歷史中已留下其足跡的所有思想斷片。問題在於這些全都雜亂同處，我們並不清楚其彼此間的邏輯性關係，及其該占據的位置。從這種基本存在方式來看，無論是所謂「傳統」思想，或明治以後的歐洲思想，都看不出本質上的差異。雖然人們反覆感嘆近代日本捨棄維新之前的思想遺產而「歐化」了（這種感嘆從明治以後到今天持續成為一種刻板印象），然假若有數百年背景的「傳統」思想若真的能作為遺產而形成傳統，則為什麼會輕易被「歐化」怒濤所吞噬呢[2]？

1 日本的論爭史大概最能清楚且滑稽地呈現出思想未能在對決與累積之後歷史地形成結構的問題。某個時代進行過激烈論爭成為共有財產，然後被下個時代繼承的情況極其少見。無論是自由論、文學的藝術性與政治性、知識分子論、歷史的本質論等等，同樣問題的提法在隔一段時間後，又反覆地成為論壇的題目。當然思想的論爭本來就沒有絕對的結論可言，許多日本的論爭都在未能清楚說明問題已解決到哪裡、或有什麼整理、留下來什麼問題的情況下就消失，不了了之了。過了很久以後，因某個契機，人們又開始針對同樣的題目進行論爭，但他們不是從先前論爭到達的結論出發進行討論，每次都是從頭開始。其次，在處理多少與文化或世界觀本質有關的主題等時，有許多時候，儘管論爭的問題有極高的普遍性，但在歐洲已長年被研究清楚的思想背景（儘管我們輸入了那麼多歐洲生產的作品）卻幾乎全部被置之於度外。就「思惟的經濟」觀點來說，甚是浪費。（一）一方面日本學界專心致力於一個接一個地輸入「完成品」，另一方面這又造成反動，有人開始過度尊崇片段的原創想法，這種尊重獨創性的情況不斷地在評論或媒體的世界重新生產，也產生兩者相互輕蔑的惡性循環（這與後面所描述的東西有所關聯）。（二）因為各個時代各個集團和當時在西洋占據有力地位的國家或思潮分別有著橫向的聯繫，創造出一個封閉的歐洲形象，故縱向的歷史思想關聯也就被忽視了。（三）現代的情況則更不用說了，一個單純的原因是，論爭被媒體採用時，往往就會按媒體所設置的軌道發展，遠離了論爭者原初意圖。然而，例如我們看明治二〇年代關於基督教與國體關係的知名論爭那樣，在那時的佛教徒或儒教思想家對基督教徒的批評根據中，幾乎看不到幕末或十六世紀基督教徒傳來時的批評根據得到發展的痕跡。所以，問題還是不得不擴大到日本思想史的一般形態來看。因為「論爭」正是辯證法的原始形態。

2 但以下為論述方便，擬把儒、佛、神等的非歐洲思想一概稱為傳統思想。但此一意義的「傳統」，或在思想批判與發展模式裡的「傳統」與最初所說的「思想未被傳統化」時的「傳統」相較，其意義內容當然是不同的（譯者注：「傳統」的多義性正是此文不易理解之處。參照宮村治雄之論〔《丸山『日本の思想』精読》，第七章〕，或可把丸山在此處提到的三種傳統分為一「本土化的傳統」、二「思想批判與發展模式裡的傳統」、三「作為思想座標軸的傳統」來理解）。

開國的意義

從日本人內心生活中的思想滲入方法及其相互關係這點來說，維新前後有著根本上的歷史連續性。但是以維新為界，無論從國民精神狀況，還是個人思想行動來看，其前後景觀有著顯著的不同。這是因為開國這一決定性歷史事件介入之故。

但這並不是要說傳統思想及其後傳入的歐洲思想在實質性格上有所差異這一自然明白的道理。也不是要說引進思想的數量巨大且具多樣性。開國的意義除自己向外，也就是向國際社會開放的同時，也向國際社會畫出自己為一國＝統一國家。這是具有雙重意義的。面對此種雙重課題是亞洲「後進」地區的共同命運。而不被這個命運壓垮，且在十九世紀能自主開拓出一片天地的也只有日本。

但也因如此，日本欠缺剛才所說那種思想傳統（如中國的儒教）來作為堅固的根基，導致許多問題不得不爆發出來。領土、國籍、對外代表國家權力所在等區別本國與他國的制度性標誌已然確立，以天皇為頂點的集權國家（雖說其實質的集權力量尚不充足）也已急速建立；同時歐美的思想文化也以更快的速度、更多的數量從開放的國門快速且大量地流入，以致使國家生活的統一秩序化和思想界中之「無秩序」的疾風怒濤成為鮮明的對比。並且，兩者同在文明開化的旗幟下，不斷進行對位法的合唱。像這樣的事態到底是經過何種過程才被統合入天皇制（意識形態上的國體）正統性之建構過程？我想對於這一歷史過程的敘述已超出本稿範圍（伊藤博文（一八四一至一九〇九）們苦心製作的「近代」國家與日本思考模式間的內在關聯問題，容後再述）。

目前要注意的是，傳統思想在維新之後越發增強其片斷的性質，即不能將諸多新思想從內部重構，也不能作為與異質思想斷然對決的原理而有所發揮。正因如此，儘管各個思想內容與其所占地位存在巨大差異，然在思想攝取和表面對決的方法上，「前近代」與「近代」反而產生相互連續的結果。以下，本文將更具體說明其中孕育的諸種現象。

一

無結構的「傳統」（一）——思想連續發生的方式

即使傳統思想隨著日本的近代化或現代化，其蹤影日漸淡薄，然如前述，那已深深地潛入我們的生活情感或意識深處。許多文學家與歷史學家早已指出，近代日本人的意識與想法在時髦外表下，其內部實受無常感、「物哀」、固有信仰的幽冥觀念和儒教倫理影響。毋寧說正是因過去的東西未能被自覺地對象化，從而未能被現在「揚棄」，以致過去才**從背後**溜入現在之中。思想無法積累為傳統與「傳統」思想無關聯性地溜入近代實是一體的兩面。按一定時間順序輸入進來的各種思想，只是在精神世界內部改變其空間配置，可以說具有無時間性的並存傾向，因之這些思想反而失去歷史結構性。小林秀雄常論道，說到底歷史只是種回憶。此一想法與其一貫直接拒絕歷史性發展這種想法，或更正確地說，與拒絕發展思想這種想法在日本的移植形態等態度相關。至少我們可說，就日本或日本人精神生活中之思想的「連續發生」形態而言，他的命題切中**某個**核心問題。由於新的事物，或與本來異質的事物都在沒有與過去完全對決的情況下，就一一被攝取進來，導致新事物驚人地勝利過早。我們無法把過去視為過去，使之自覺地面對現在，而是將之推到一邊，或使之沉降到下面，從意識中消失、「遺忘」。所以，那有時才會突然以「回憶」的方式噴發而出。

這在國家政治性危機狀況中表現得特別明顯。說真的，就如人們被驚嚇時，會脫口而出的平常並不常使用的方言那樣，日本社會或者個人的內在生活裡對於「傳統」的思想回歸常常發生。與其一**秒**前普通地使用著的語言全然沒有內在關聯地、突如其來地「噴發」（近代史的思想事件中，如維新之際的廢佛毀釋、明治十四年前後的儒教復活、昭和十年的天皇機關說問題等）。就個人的情況來說，如德富蘇峰（一八六三至一九五七）、高山樗牛（一八七一至一九〇二）、橫光利一（一八九八至一九四七）等教養已經「西歐化」的思想家轉向日本主義的情況雖甚為奇怪，但無論如何並不是飛躍（回心）到他們的內心中完全不存在的東西。只是「到昨天為止」而沒有繼續而已。高村光太郎（一八八三至一九五六）在《暗愚小傳》之中，接到太平洋戰爭爆發的消息時，真摯地歌頌那種「回憶」的噴發[3]（戰後他又回到羅丹的「回憶」中）。

在過去所「攝取」的東西中，哪些會成為被喚起的「回憶」呢？這會因那個人的個性、教養、世代之別而有所差異。有《萬葉集》、西行（一一一八至一一九〇）、《神皇正統記》、吉田松陰（一八三〇至一八五九）、岡倉天心（一八六三至一九一三）、費希特（一七六二至一八一四）、《葉隱》、道元（一二〇〇至一二五三）、文天祥（一二三六至一二八三）、巴斯卡（一六二三至一六六二）等等，至今思想的庫存很豐富，並不缺素材。然舞臺一換，托爾斯泰（一八二八至一九一〇）、石川啄木（一八八六至一九一二）、《資本論》、魯迅（一八八一至一九三六）等等變成可被喚起的回憶。要將某時代的思想或人生某時期的觀念與自我合為一體的做法，從**旁觀者**看來，本當是恣意妄為的，然對當事人或那時代來說，只是把本來就無時間地一直同置於某個角落的東西轉換配置，將之置於可見之處而已。所以，人們每次都認為那是回歸日本「本然之姿」或「本來的面目」，並且誠心誠意地實行。

無結構的「傳統」（二）——思想接受的方式

新事物的美好勝利與過去不知不覺地潛入、堆積本就是同一精神「傳統」的兩個面向，而這兩面也並非單只是以上述那種方式表現出來而已。歐洲的哲學與思想再三地被分解，或被切走其思想史前提，僅作為零件不斷地被拿進來。結果那經過高度抽象的理論出乎意料地在扎根於我們舊有習俗的生活感情中，受到歡迎。在歐洲不過是對根深柢固的傳統拚命抵抗的東西，在此反倒與「常識性」的想法輕而易舉的一致，或者最新舶來品與手頭上的思想庫存順利符合，像這樣的情況常常可

3　……／昨日は遠い昔となり、／遠い昔が今となつた。／天皇あやふし。／ただこの一語が／私の一切を決定した。／父が母がそこに居た。／少年の日の家の雲霧が／部屋一ぱいに立ちこめた。／私の耳は祖先の声でみたされ、／陛下が、陛下がと／あべぐ意識は眩いた。／……（……／昨已成往昔／往昔復成今／天皇現危急／僅僅此一語／決定我　切／父母現眼前／少時家雲霧／滿屋漫漫飄／祖聲充我耳／陛下啊陛下／危急意識眩／……）

見。如井上哲次郎就說：「人們以為是舶來的新說，然此與**古來**朱子學派倡導之思想有關」(《日本朱子學派之哲學》，頁六〇〇)，並因之提倡「東西文化的融合」。我們在此不用去追問井上哲次郎的折衷主義「傳統」。即使不是這樣規模宏大的東西，我們也隨處可見馬拉美（Stéphane Mallarmé，一八四二至一八九八）的象徵詩與芭蕉的精神「相通」、實用主義**本來**就是江戶町人哲學等的想法[4]。

眾所周知，我們經常可看到用來合理化將有所差異之物在思想上接合在一起的邏輯是「即」或「一**如**」等佛教哲學的庸俗化方法。然而，對這樣「無限擁抱」所有哲學、宗教、學問（即使是彼此在原理上有所矛盾），使之精神經歷中「和平共存」的思想「寬容」傳統來說，**唯**一異質之物是，要求**原理上**否定這種精神的雜居性，並從內部強制其對世界經驗的邏輯性和價值性進行整合的思想。在此意義上，在近代日本登場的只有明治的基督教和大正末期以來的馬克思主義。儘管基督教與馬克思主義終究是處於對立的立場，但它們在日本知性風土中，肩負起共同的精神史角色命運。因此，若兩者都使上述那種要求（即否定精神雜居性的要求——譯者）

與日本風土妥協的話，至少會喪失其**精神**革命的意義。反之，若反過來堅持追求的話，那不免要陷入正因對雜居性寬容的「傳統」，**故**反被激烈不寬容地包圍的兩難之境（這裡所討論的不是國家權力的關係，而完全是思想的接受與交流方式的問題。「國體」的問題，容後再述）。一個馬克思主義的「轉向者」寫了下列一段話。

「轉向」是讓自己從受制於原理（＝公式）的自我約束緊張中解脫，宛如放開捲得很緊張的彈簧般，通過喚起回憶而一舉回歸到擁抱、融合、一如的「本然」世界。「日本哲學是物心一**如**的世界。……我們在清算馬克思主義時，及**把握日本民族的**

---

4 當然，並不是說上述這些東西間無任何類似性，也不是說找出其中的共通性無意義。若說人類的思考自古以來就不會發生變化，那就不用再討論了。我想指出的重點是，我們在理解不同文化背景的精神作品時，非常欠缺先將之視為與自己徹底不同之物來看待的心理準備，因高超領悟力所產生之隨便接合的「傳統」反而會使任何東西都無法被傳統化。特別是明治以後，因貪婪的知識好奇心以及轉換思惟的敏銳性（這確實可說是世界一流的，也是日本急速「躍進」的關鍵因素），而吸收外國文化而形成的「傳統」之故，現代的知識階層中，至少就思想而言，似乎完全喪失了對「未知事物」的感覺。即使最初顯示出好奇心，很快就變成「啊！是那個！」。過敏症與感覺遲鈍症矛盾地結合在一起。例如：在西歐或美國的知識界中，關於民主主義基本理念、民主主義基礎這種數百年來已被不斷討論的題目依然會被反覆「質問」，並從其對立面來討論。這種情況與日本戰後數年就顯現出「我們已十分瞭解民主主義」的氛圍相對照，實有驚人的差異。

抱擁性時，就自覺到日本民族在世界中的新使命。……而且**東西文化融合在未來的發展**——這必須成為我們新信念」（小林杜人編，《轉向者的思想與生活（転向者の思想と生活）》，頁四十八至四十九）。

悖論與反話的功能轉換

那些拚命抵抗歐洲傳統所產生的東西一旦移植到我國，意外地與古來的生活情感完全相應，也因此使其原本的社會意義發生變化。這在日本常常發生。例如：尼采（Friedrich Wilhelm Nietzsche，一八四四至一九〇〇）的反話與王爾德（Oscar Wilde，一八五四至一九〇〇）的悖論正是在基督教（歐洲最頑強的「公式」）所長年培養出對「生」（Leben）積極肯定的想法已普遍化之社會中，才會與現實發生激烈的緊張感。但像日本這樣生活中存在著無常感、「浮世」觀等逃避意識的情況下，那種犬儒主義與悖論反倒適合實際生活中的感覺，而虛無主義與其說是對現實的反叛，不如說是具順應現實的功能。於是，在日本，那些悖論不再作為悖論而有所作用，而其反命題被**當作命題**來理解與欣賞。例如：「世界是荒謬的」這種命題就會與「世事常不如意」這種日本庶民古來的常識相合。

擅長於悖論與反話的評論家把馬克思主義的「公式」視為眼中釘，這當然與其政治（或反政治）姿態相關。但在沒有基督教傳統的地方，只有馬克思主義才對應於歐洲的公式，我想這也是有關聯的。如此一來，這些對「馬克思主義式的」知識階層聰明地使用悖論的人和庶民的「傳統」生活實感——或者輕易苟同大眾生活實感的媒體結成奇妙的同盟，以致發生「進步知識人」受到兩者夾擊而孤立的情況。日本馬克思主義中「理論**信仰**」（後述）越發使上述事態嚴重化，至少政治上的條件另當別論，其「反叛」姿勢往往順應現實。這是與上述日本精神狀況深度相關的。

意識形態揭露的早熟性登場

與上述相關，我們應該注意的是，當面對原理性思想，或要求合理調整經驗的意識形態時，日本「傳統」態度所表現出的反抗，容易採取一種所謂意識形態揭露的批判方式。關於這點，我們可說在相當早的時期就把對其他思想立場進行意識形態批判當成思想批判的「傳統」。不用說，在近代歐洲，從馬克思（一八一八至一八八三）的觀念形態論開始，才以學問形態大規模展開意識形態批判。馬克思對思想的批判並不從思想內在價值、邏輯整合性觀點來進行，而是「從外部」，即其思想所達成的對政治社會的作用（對現實的隱蔽或美化等），或者從揭露隱藏在背後的動機與意圖來批判的。與這點密切相關的是，馬克思是對近代公民社會及近代理性主義所蘊涵問題展開批判的一個早熟批判者（在這個意義上是具預言性的）。故這種批判方式在十九世紀應是個例外，意識形態批判在歐洲廣泛地一般化並成為常識當是，在第一次世界大戰後的世代「不只是對諸觀念真理性的普遍不信任，同時也目睹對觀念主張者動機的普遍不信任」（K. Mannheim, *Ideology and Utopia*, Preface by L, Wirth, XIII）之後才開始的。

然而在日本，幕末攘夷論者對以基督教為首的歐洲思想所進行的批判方式中，已顯現出對思想意識形態功能驚人的敏感度，而且這類批判方式先於對思想進行內在性批判的方式出現。例如：會澤正志齋（一七八一至一八六三）說：「故欲傾人國家，則必先因通市而窺其虛實，見可乘則舉兵襲之，不可則**唱夷教，以煽惑民心**，民心一移，簞壺相迎，莫之得禁也」（《新論》，〈虜情〉[5]）。他從這種一般論出發，批判經濟軍事偏重的富國強兵論，並指出「今虜乘民心之無主，陰誘邊民，暗移之心。民心一移，則未戰而天下既為夷虜之有。所謂富強者，既非我有，而適足以借賊兵齎盜糧耳」（同上，〈國體上〉），強調**思想國防**的重要性。在這裡我們可發現杜勒斯（John Foster Dulles，一八八八至一九五九）式間接侵略邏輯已完全成形並顯現出來。也許有人會說這只是在急遽面對異文化時，傳統集團共同顯示出來的自卑情結。若然，本居宣長（一七三〇至一八〇一）著名的儒學批判方式又當如何解釋？他說：「唐土所行之道，究其旨意，不過只為奪人之國、防人奪國而已」，

5　譯者注：丸山的原文是以訓讀文標示的，在此譯本中，筆者將之還原為《新論》該文本原有的漢文形式。

故他也說：「所謂天命，自古於彼國，乃滅君奪國之聖人為逃己罪所構之託詞。」（《直毘靈（直毘霊）》）[6]。總之，在此段文字中，我們可看到本居對於自誇於「製作眾多令人煩悶之名」而具哲學體系性的儒學思想中之冗長理論內容本身固然感到不滿，但更重要的是，他把儒學理解為統治者或篡奪者為美化或隱蔽現實的意識形態，並揭露其意識形態的本質。

只是在這裡特別顯著的是，宣長把道、自然、性這種範疇的一切抽象化、規範化視為「漢意」（からごころ）而加以排斥，並且他排除所有抽象理論，只追求感性事實，故我們雖可把他的批判理解為一種意識形態的**揭露**，但那本來就不可能是從一定原理的立場所進行的意識形態**批判**。雖然他準確地批評儒者對不斟酌其教義之現實妥當性所表現出來的「規範信仰」盲點，但結果，他排斥一切的邏輯化＝抽象化，認為日本不存在規範性思考，且認為這正好證明日本事實上的良好狀態不須任何教義，從而否定現實與規範間之緊張關係的意義本身。因此，其學一方面尊重感性，另一方面也變成被動追隨既有統治體制之物，就其結果而言，其學只是在雙重意義上對「既有」現實的肯定。

作為固有信仰的無結構之傳統原型

眾所周知，宣長要在學術上復原日本受儒佛影響以前的「固有信仰」思考與感覺，但在上古日本並不存在終極的絕對者，不管是以人格神的形式或理、形相等非人格形式皆然。如和辻哲郎所分析的那樣，日本神話中被祭祀的神同時又是進行祭祀的神，無論往上追溯到哪個世代皆然，祭祀的終極對象消失於茫茫時空中。這種「信仰」中沒有所有普遍宗教中皆有的始祖或經典。所以，對於日本以前沒有「神道」的徂徠之論，宣長也是承認的（《鈴屋答問錄》），然他的承認也只是為導出對一切意識形態（教義）的否定。

所謂的神道，如同垂直細長的布筒般，會與每個時代的有力宗教「習合」，以

6　譯者注：相較於《新論》，《直毘靈》的原文是和文。其漢文形式為筆者所為譯文。以下，除另有說明，丸山所引本居宣長之原文皆為和文。

填充其教義內容。不用說，這種神道的「無限抱擁」性與思想雜居性集中表現了上述日本思想的「傳統」。正因為沒有絕對者，沒有以獨特方法對世界進行邏輯地、規範地整合的「道」，故對於外來意識形態的感染也是不加防備的。國學嘗試清掃「布筒」的內容（排除漢意、佛意）時，自然要面對一種矛盾，即在難以區分的兩個契機中，必須稱讚前者（即沒有「道」），也要慨嘆後者（即思想感染性）（這也是其後所有國粹主義者所面臨的矛盾）。宣長的方法完全依賴直接感覺、否定任何抽象化方法，在社會與政治層面，反而導致如下的機會主義：「若不以儒治則難治時，就當以儒治；若非佛不能成就時，就當以佛治。是皆其時之神道也」（《鈴屋答問錄》）。相對之，試圖重構「神道」世界觀的平田篤胤（一七七六至一八四三）把「道」規範化的結果是，發展出一種除儒佛外，就連基督教也抱擁在內的泛日本主義。

總之，這種國學對儒學的批判方式有下列幾種。（一）對一般意識形態的嫌惡或侮蔑、（二）否定推論性解釋，「直接」投入對象的態度（無法忍受解釋的多義性，結果是絕對化自己的直觀**解釋**）、（三）只在有確實感覺的日常經驗中，承認會有明白清楚的世界、（四）以揭發論敵姿態或言行不一的方式來降低對手理論的可靠性、（五）把歷史中的理性（規範或法則）一概歸為「公式」＝牽強附會來加以反抗。以上幾種批判方式在之後便成為極強韌的思想批判「傳統」。當然他們的批判也有合理的，及具歷史意義的批判。然當前應注意的是，這種只依意識形態的批判，因否定原理本身，以致無法從感覺層次抽象、昇華。這一直持續到現代，那些文學性強或「庶民的」批評家對社會科學思考的厭惡與反感心情之思想源流似乎已在此萌發。本來馬克思主義的意識形態批判是從一**定的**理論和政治立場出發的，然這種方式在厭惡社會科學的氣氛中，經常被以怪異的形式倒逆過來使用，也就是馬克思主義反而被以「無」理論的意識形態揭露方式攻擊。

思想評價中的「進化論」

儒學是在日本傳統思想裡唯一的自然法體系，早在江戶時代就受到各種形式的歷史相對主義挑戰，因幕藩體制的崩解，其作為時代「信條體系」（George Santayana，一八六三至一九五二）的適用力急速下降。恰好此時，日本導入十九世紀後半自然科學的進化論，那不久也被辯證法的發展圖式所繼承。如此一來，除上述思想的「外在的」批判外，那也賦予思想評價基準一個別的特質，構成一種不利於思想自身形成傳統的因素。也就是說，在某個永遠之物（其本質不管是歷史內在的或超越性的）的光照耀下，對事物進行評價的思考方法極貧弱的社會基礎中，導入了歷史的**進化**觀念的話，思想的抵抗少，其浸潤也驚人地快，以致進化的意義內容變得空虛而庸俗化。所以，進化往往被理解為從一個過程到另一個過程的平行移動，而失去價值之歷史性**蓄積**的契機。

維新之後，日本把進化的目標設定為「先進」歐洲[7]，所以在思想評價時，對西洋的自卑情結與對進步的情結是不可分地結合在一起，那些思想優劣之分，不是基於其在日本所具有的現實意義觀點來看，而是經常以其在西洋史上出現的時代先後來決定。而且，這不只存在於立基於「進步觀念」的自由主義者與社會主義者，也常見於其反對陣營的批判方式中。國粹主義與反動派攻擊進步中毒者的邏輯也是繞了一圈從歐洲回來的。他們會依那種「傳統」的論法，批評進步派的意識形態在歐洲（或美國）已嫌過時。加藤弘之（一八三六至一九一六）就是利用進化論攻擊天賦人權論為「妄想」的光輝先驅者。值得注意的是，進化論在內容性上教會他們進化公式的同時，在形式上也被理解為歐洲學說中最尖端的知識。由於辯證法也適合此種思考樣式，對反動派或現實追隨派來說，他們正好可以把自己的「哲學」（或

---

7 日本的進化（＝歐化）與立身出世主義在各種意義上具平行關係。鄉下書生的「進化」目標正是到相當於「日本的西洋」的東京去，上升到大臣大將的「階段」。歐化是日本的「出人頭地」，出人頭地是書生的「歐化」。兩者的象徵在「洋行（去西方國家）」一詞中如其文字般合一。若日本的「進步」價值標準是按歐洲歷史階段之先後一元化的話，「偉」人的標準也在官僚制階層的高下中一元化。日本驚人的進步是以「脫亞」，或更進一步以不顧亞洲大陸的「停滯性」而踐踏之的方式取得的，秀才的出人頭地是脫離「鄉村」（往往是因上層的提拔）而實現的。正如福澤早先曾引用豐臣秀吉的「出人頭地」為例所要指出的那樣，「如避開低窪潮濕地移往高且乾燥的土地，雖然對自己有益，卻不是自己在濕地上堆滿泥土將之改造為高又乾燥的土地，以前的濕地仍舊是濕地……」（《文明論之概略》）。也就是說，上述那種秀才的出人頭地具有這樣一個相反的側面。儘管如此，就如日本軍事經濟的發展為亞洲民族點亮希望與自信之燈那樣，出人頭地的高官依然被視為貧困鄉村的「榮耀」象徵，兩者間的巧妙關係是可類比的。如此一來，一旦「歐化」的進步停止時，出人頭地的管道亦塞住了，書生便激進地轉向俄羅斯型或「農本」型的方向。

「皇國」的「哲學」）當作世界史發展**尖端**來炫耀。只是當辯證法在我國開始「流行」時，已經出現「西方的沒落」論。因此，世界史的公式並無法像進化論那麼單純，它以東西文化的**綜合**、資本主義與社會主義對立的**揚棄**等形式和日本之使命結合。進化論用優勝劣敗適者生存這種殺風景的邏輯來合理化帝國主義的現實；相對之，辯證法被信奉於現實矛盾嚴重化的時代，也因此而更加顯得帶有道義色彩。儘管如此，兩者邏輯的使用方式有共通之處，那就是在接受各種意識形態時，不經過日本現實的檢驗手續，且**去**社會脈絡地就將之當成思想的歷史進化與發展公式，以致發生「超進步的」思想與政治的超反動傾向相結合的諷刺現象[8]。中江兆民（一八四七至一九〇一）曾說：

……若吾人如此說，世上世故的政治家定會得意地說，此乃**十五年前之陳腐民權論**，在歐美諸國盛行帝國主義的今日還提民權論，此是**不通世界潮流的過時理論**。……然而此理論雖在內容上是陳腐的，在實行上卻是新鮮

8

但在這種情況中，喜劇和悲劇也不過是一紙之隔。日本「開國」後的十九世紀後半國際社會，無論在政治、經濟上的動向，或思想文化的存在方式上，都處於近代歐洲的大轉換時期。實際上，現在被呼喊的「危機」諸徵兆在那時皆已出現，這樣的現實難免很早就給日本對「近代」的理解（不論是模仿還是反抗的方面）留下複雜陰影。在這樣的歷史條件下，無可避免地導致歐化主義與「近代的超克」思想幾乎同時登場的命運。

「只是大不能算是真正的偉大，極盡奢華也不必然高尚。加入所謂現代文明龐大機構組織中的個人成為機械習慣的奴隸，受到自己創造出來的怪物無情駕馭。儘管西方國家高談自由，但為獲得財富而損害真正的個性。為無窮盡的慾望犧牲自己的幸福與滿足。雖然西方國家誇耀自己從中世紀的迷信中獲得解放，但又如何看待對財富的偶像崇拜呢？在現代絢爛假面背後，又隱藏著多少的苦惱與不滿呢？」（《日本的覺醒（日本の目覚め）》，岩波文庫版，頁五十四）。岡倉天心的這一段話是很有預言性的。若把名字蓋起來的話，便可說與奧特嘉（José Ortega y Gasset，一八八三至一九五五）、瓦勒里（Paul Valéry，一八七一至一九四五）、湯恩比（Arnold Joseph Toynbee，一八八九至一九七五）等思想家的「精神危機」名言完全相通。

然而，並不像人們單純想的那樣，從文明開化到自由民權間的思想（與其後國粹主義抬頭時代相較），對歐洲的理解並不「天真」。一直都有人指出，大部分依據天賦人權論的民權論者思想中，都可見到如下思想分裂的情況。即他們在國內採取自然法的理性主義立場，但在國際社會則採信弱肉強食觀念（岡義武，〈明治初期的自由民權論者眼中的當時國際情勢（明治初期の自由民権論者の眼に映じたる当時の国際情勢）〉，《明治史研究叢書》第四卷）。羅素（Bertrand Arthur William Russell，一八七二至一九七〇）曾說過，歐洲文化相對於中國文化的優越性，並非基於但丁、莎士比亞、歌德比孔子、老子厲害，而是基於一個殘酷的事實，即平均說來，一個歐洲人殺中國人，比起相反的狀況容易得多。

對於東洋來說，最為切實且具體的感受是，「歐洲近代」意味著與帝國主義相結合的機械和技術。只是在我國的情況是，對於中國思想文化傳統抱有「傳統的」自卑情結，在其基礎上又繼而對西洋抱有自卑感，因此東洋對西洋的問題，和日本作為在東洋「近代」冠軍的問題在思想上交錯，這種交錯使日本越實現帝國主義的發展，其虛偽意識性格則越強，以致輕易地使東西「綜合」的觀點得以發酵。

> 的。此一條理清晰的理論在歐美諸國從數百年前就已實行，其在彼國是陳腐的，然在我國是剛從民間萌芽的理論。不過，因受藩閥元老和利己的政治家蹂躪，使之尚處於理論之時就消亡。因此，即使其作為言詞極為陳腐，然從實踐角度觀之，依然新鮮。這在實行上是新鮮的，但在理論上是陳腐的，這到底是誰的罪過？（《一年有半》，明治三十四年版附錄）

的確如此，在他去世後，依然有無數的進步思想被統治者「蹂躪，使之尚處於理論之時就消亡」，「因此，即使其作為言詞極為陳腐，然從實踐角度觀之，依然新鮮」的理論堆累成山，直到迎來一九四五年八月十五日（但進步思想以這種方式受阻而無法實行，其結果便為產生後述「理論信仰」的原因）。如明治的自由民權論到昭和的共產主義等遭天皇制提防阻擋的**所有**「陳腐」的進步思想在戰後的「解放」後奔騰，這並非沒有緣由的。

而且，直到今日，戰時著名的「世界史的哲學」家說：「日本新憲法是建立在輕視國家、社會義務，及極度尊重個人權利之基調上，這實是站在**社會思想出現前的舊時代產物**，宛如站在法國革命人權宣言時代的主張之上。提出新類型的權利並不能保證新憲法的新時代性和進步性。在**經過社會主義精神的現階段**，即為社會公共福利而抑制自由主義偏重個人權利及尊重義務後的現階段，如何調節權利與義務關係這點當是最進步的思想立場之課題。從這點看來，我們可說日本新憲法，在其**思想基調上，可評為存在於社會主義以前階段之時代錯誤**產物」（高山岩男，〈戰後日本的精神狀況（戰後日本の精神狀況）〉，《現代宗教講座》VI，頁一二七、一二八），他們如此嘲笑「叫擁護這個舊時代憲法」的知識人與社會主義政黨的「時代錯誤」，從這裡，我又看到加藤弘之以來的那種令人覺得恐怖的陳腐批判方式，再與庸俗的發展階段說相結合後又被重新表現出來。

二

近代日本機軸「國體」之創立

明治二十一年六月，樞密院的帝國憲法草案審議，在天皇親臨之下莊嚴開始，會議一開始，議長伊藤博文首先對憲法制定的根本精神表明其信念如下：

憲法政治於東洋諸國，歷史所未曾徵證，此施行於我日本之事不免為全新創。故實施之後，其結果為有益於國家歟？或會出現相反狀況歟？不可預期。然雖二十年前既廢封建政治，開始與各國交通，其結果為謀國家進步，捨此則無其他更好經理之良途……在歐洲，及於本世紀，雖無不行憲法政治者，是順歷史上的沿革而成立者，其萌芽無不發於遙遠往昔。反之，在我國則屬全新面目。**故當今憲法制定之時，必先求我國之機軸，必**

先確定我國的機軸為何。無機軸則任人民妄議政治時，政失其統紀，國家亦隨之廢亡。……本來，在歐洲，憲法政治萌芽已千餘年，不獨是人民習熟此制度，**又有宗教為機軸**，深深浸潤人心，人心歸一於此。**然在我國宗教其力微弱，無一能成國家之機軸**。佛教雖一度張隆盛之勢，繫上下人心，至今日已傾衰微。神道雖基於祖宗遺訓而祖述之，缺乏作為宗教使人心歸向之力。[9]（清水伸，《帝國憲法制定會議（帝国憲法制定会議）》，頁八十八）。

總之，伊藤在開始要把日本打造為近代國家之時，首先明確承認目前為止日本並未有能作為內部機軸的「傳統的」宗教得以形成。（這裡雖未提及儒教，因儒教非伊藤所說意義的宗教，而且，作為統一世界觀的儒教思想如前述般在當時已解

9　譯者注：此文本是明治時代的訓讀文，譯者以盡量尊重其原本使用之漢字的方式回譯為漢文。故若按一般中文感覺理解的話，或有覺奇怪之處。以下同。

體，就連元田永孚也承認的那樣，儒學思想只以**個別的**日常德目形式存活下來。眾所周知，這種個別德目，後來透過元田與伊藤博文、井上毅圍繞著「教育議」的論爭，隨即被吸收進《教育敕語》之中。）對與自由民權運動悽慘鬥爭的記憶依然歷歷在目的藩閥政府來說，沒有「機軸」的憲法政治是超越想像的可怕！

如此一來，「在我國應作為機軸者，唯獨皇室爾。是以於此憲法草案，專用意於此點，尊重君權，勉於使其不受束縛。（中略）乃於此草案，以君權為機軸，期其不被損毀，特不據彼歐洲主權分割之精神，固與歐洲數國制度中君權民權共同之旨相異。是為起案大綱」（同上，頁八十九）。這一結論被確認為「憲法政治」的絕對前提。方才所說「開國」的直接結果，帶來國家生活的秩序化與歐洲思想的「無秩序」流入，兩者鮮明對照。至此，便歸結到國家秩序的核心本身同時兼為精神機軸的方向中。在新的國家體制中，除「無論將來遭遇何種事變……都要保持元首地位，絕不把主權移交民眾」（「明二二・二・一五、對全國府縣會議長的指示（明二二・二・一五、全国府県会議長にたいする⊠示）」）的政治保障外，也同時被託付巨大使命，兼作基督教這一歐洲文化千年的「機軸」之精神代用品。這件事對日本的「近代」來說具有深遠的決定性意義！這一點雖在戰後已被反覆討論到近似「陳腐」的程度了。然若不觸及此問題，就無法討論近代日本精神史的基本形態。

「國體」中臣民的無限責任

稱為「國體」的這種非宗教的宗教到底發揮了怎樣的魔力？關於這點的痛切感受在純粹的戰後世代那裡**已**不存在了。另一方面，那些完全身陷「魔術」中，在其中享受「思想自由」的舊世代**本來**就無此感受。但這個魔術絕不是在昭和以後，以「思想問題」這種象徵名稱震撼日本朝野後出現的，更不是在日本法西斯主義狂暴化後，突然被從地下召喚出來的。即使在日本自由主義或「大正民主」達到最高潮時，它也在「極限狀態」中馬上顯露出驚人約束力。

曾在東京大學執教的埃米爾·萊德勒（Emil lederer，一八八二至一九三九），在其著作《日本＝歐洲》（*Japan-Europa*，一九二九）中，提及他在日本時所見識到並令之震驚的兩個事件。其一是，大正十二年（一九二三）末發生的難波大助（一八九九至一九二四）的攝政宮狙擊事件（虎之門事件）。他之所以震驚，與其說是狂熱主義者的行為，不如說是「緊接而來的事」。內閣辭職，從警視總監到路邊值勤的警察等一連串的「責任者」（作者強調他們都不在能防止凶行發生的位置）都受懲戒，被免職。不僅如此，犯人父親立刻辭去眾議院議員之職，在門前圍起竹柵欄，足不出戶。鄉里的人們也取消新年慶典、進入「喪」期。連大助畢業的小學校長乃至擔任他的班級導師都因**曾**教過如此不法之徒而負起責任、辭職。這種責任漫不著邊際的負責方式，及將之視為理所當然的無形社會壓力，在這個德國教授眼裡看來全是異樣的光景。還有一個他所指出的是（大概是大地震的時候），許多學校校長為了救出在大火中燃燒的「御真影」（天皇御照）而喪命的事。書中記載道：「進步團體曾提議讓這種危險的御真影遠離學校。比起校長被燒死，不如照片被燒掉比較好，這種想法竟然完全**沒有被提出討論**」[10]。日本天皇制或許並非像沙皇主義在權力行使方面那般殘酷無情。但在西歐的君主制，甚至與東正教結合的帝政俄國，也難以想到**這種**社會責任的承擔方式。這並非要討論孰優孰劣的問題，這裡潛在的問題與近代日本的「精神」或「機構」都絕非無緣，也非例外。

「國體」向精神內部的滲透性

而且，這種由臣民的無限責任所支撐的「國體」，在意識形態方面則繼承了「固有信仰」以來的無限擁抱性。因為把國體用特定的「學說」與「定義」來邏輯化，會把國體限定在意識形態裡使之相對化，故沒有這樣做。在其消極面（也就是對於一旦被判定為**反**國體的內外之敵來說），國體會以極為明確嚴峻的權力體而發揮其功能。在積極面，則國體被層層包裹在一望無際的厚實雲層裡，不輕易暴露其核心。但在《治安維持法》「變革國體」之著名第一條規定中，國體首次作為法律用語登場，故不論同意與否，就產生規定「核心」的必要[11]。大審院的判例以「萬

10　譯者注：丸山的原文中有「著重號是萊德勒所加，原書頁二三〇」，但譯者統一改為黑體字。

世一系的天皇君臨，總攬統治權」之國家形態（「國柄」），即以帝國憲法第一條及第四條的規定來「定義」（昭四．五．三一判決）。但不用說，此種散文式規定無法說明清楚「國體」。激進社會**運動取締**法案經過《治安**維持**法》及其修正案，進化為思想犯**保護監察**法，這一過程正是國體對待「思想」問題，越過外部行動規制（公民法治國家之法的本質），進而顯露其作為精神「機軸」無限制地內在同化功能的過程。這從世界史來看也是，國家權力超越近代自由主義前提下的內部與外部，及個人的自治與國家機構的二元論，積極要求「忠誠」於正統意識形態的傾向開始露骨呈現的時期一致。日本的「國體」既不是徹底內在，也非徹底外在之物。就照其原樣適應「世界史的」發展階段。日本「極權主義」在權力**統合**方面是「擁抱主義」式的（可看看翼贊體制的過程及其經濟管制），雖非常沒有效率，但至少在意識形態的同化方面，具有希特勒也只能羨慕的「素質」。於此，超近代與前近代漂亮地結合在一起。

但是天皇制作為近代日本思想「機軸」的作用，不只限於國體觀念的教化與滲

透這一面，其在政治結構，還有包含經濟、交通、教育、文化的社會體制等機構性

11　因為敗戰而接受《波茨坦宣言》，日本的統治階層再一次地在極絕望的狀況下，被要求給「國體」下一個極限定的定義。對於我方提出的「在不包括變更天皇國家統治大權的要求之瞭解下」為附帶條件的承諾，聯合國方面所做的回答是，「天皇及日本國政府之國家統治權限」乃「從屬於盟軍最高司令官」，及日本最終的統治形態「根據國民自由表示的意思」來決定。但像"subject to"『**特別意譯為「在限制之下」**』，"The ultimate form of（the）government of Japan"『譯為「最終的日本國政府形態」，以此避免使用可能聯想到包含天皇的國體之類的政治形態還有統治組織等用語』（外務省編，《終戰史錄》，頁六三一，著重號為原文所加〔改為黑字體——譯者〕）。儘管外務當局煞費苦心於斟酌用語，但在御前會議時這種是否意味著國體變革這一問題依然引起十分激烈的論戰，並且眾所周知推遲投降的最後決定。在此令人驚訝的，不是統治階層在面臨最後關頭時，最關心的還是國體護持這點，而是日本帝國的最高首腦層次終究對於統治階層具有如此決定性意義，且在事實上作為國民統合「原理」也持續有效的實體之意義為何沒有一致的見解，而只能以「聖斷」來解決這點。並且圍繞著「聖斷」能否保全國體這一問題，軍部又分裂成「承詔必謹派」與「神州防衛派」。後者認為「即使一時違反天皇裕仁的意圖，但能守護皇祖皇宗以來建立的國體本義，在更大的意義上是真正的忠節」（大井篤，《天皇制與太平洋戰爭（天皇制と太平洋戦争）》同前，頁七五二）。這種解釋並不奇怪，其**契機**也如同平泉博士等人曾「考證」的那樣，可從「國體」中找到根據。權威與規範、主體的決斷與非人格的「傳統」的拘束過去未分化地結合在一起，而無須追究兩者擇一狀態中潛藏著與「家」、同族團體或「鄉黨社會」（伊藤博文）密不可分的天皇制意識之「包容性」與「無限定性」的祕密。不得不剝開重重外殼才能來定義最裡面的核心，這是天皇制的悲劇。但一旦脫此困境，到昨日為止明明還在廣泛宣傳日本是「德國和義大利也尚未學得充足」之**真正的**極權國家（「全體國家」），現在竟忽然「想起」五條御誓文到八百萬神集合的「傳統」，急轉為日本國體**本來**就符合民主主義的，八紘為宇的皇道**本來**就意味著 universal brotherhood（極東軍事裁判中鵜澤博士的說明）。從外部來看，這是突如其來的轉變，但在其內部本就具此已知數，通過「傳統」空間的配置轉換，在主觀上就能平順地轉變。前面所述的那種個人思想轉向形態，在戰敗的國體「轉向」中以最大規模表現出來。但這只是用來說明國體的思想特質而已，並不代表**天皇制**在這樣轉向後也會保持與戰前的連續性，今後可能會再次膨脹為權力和精神統合體的舊姿態。

層面也有影響。日本近代化引人注目的當然是這個層面。將日本視為西歐型的說法也主要著眼於這種制度的「西歐化」。當然，日本與其他亞洲國家的決定性差異也在於此。這是無法否定的事實。然而，我們並不是就認為日本的制度雖西歐化了，精神面還是殘存著日本式的，或留有「傳統的」要素這樣就好了[12]。不是這樣的，問題歸根究柢在於制度中的精神，製作制度**的**精神與制度具體作用方式是如何內在結合的，及這種結合如何規定制度與人們對制度的思考方式。即問題在於日本國家的認識論結構中。從此觀點出發，如前節所論及的思想的「傳統」和「歐化」問題，也有必要重新與天皇制國家的動態發展過程連結起來一起考察。

三

天皇制中的無責任體系

卡西勒（Ernst Cassirer，一八七四至一九四五）與施密特（Carl Schmitt，一八八八至一九八五）等人已從思想史角度闡明近世的認識論結構與近代國家政治結構間的密切關係，但這種關係也顯現在類似的政治理念反映著各種國民間的組織化形態這點。例如：若說歐洲大陸理性主義和以專制君主之政治性集中（官僚制的形成）

12　自然科學家與「唯物」論者只在思想與精神上承認國民或個人的特殊性，而認為政治與經濟的制度是「物質性」的，從而是普遍的，只有普遍的「近代」與普遍的「封建」。這種想法並不只他們有而已，在固守「個性」與「精神」的文學家那裡也多有所見。技術、機械、生產**關係**、議會制都一概被視為在同一平面上的物質「裝置」，根據其有無來測定是否為普遍的近代化。然而，即使機械本身是世界共通的，但人際關係介入的制度會因文化而具個別差異。如在法規上同樣是選舉「制度」，但因各別選民投票行為的差異——例如：依部落聚會全場一致推薦來決定候選人的情況，與**個人的**選擇占主要地位的情況就不同，其作為政治制度的功能就不相同。如同憲法制度，本來就包含政治倫理要素的情況下，我們更應把包括制度的精神這一整體結構視為問題來探討。

為前提的法治國家（Rechtsstaat）的形成密切相關的話；英國經驗論就呼應於地方自治基礎上因自主集團邏輯所培養出來的「法治」（rule of law）傳統。同樣是儒教的自然法思想，在中國即展現出較強的規範和契約的性格；而在日本則是權威（恩情）與報恩的契機會表現比較顯著。這並非只是學者解釋的差異，而是滲透到封建制或家產官僚制的內面，構成現實作用關聯之「精神」有關。雖「天下是天下的天下」這種內在於幕藩制的「民政」觀念在幕末尊攘思想中，轉換為「天下是一人的天下」這種一君萬民的理念，為明治維新的絕對王政思想做好準備。儘管如此，在此狀況下出現的明治專制主義（absolutism）困擾於中江兆民評為如「多頭一身怪物」般的多元政治結構。這當然也是延續維新革命勢力與激進派公卿和西南雄藩出身的「新官僚」的結盟，最後以非一元化的方式組織這種社會現實。從這裡，我們也不難看出這種社會現實和世界認識未得到合理的整理、秩序化，及讓「道」多元並存的思想「傳統」有所關聯。

明治憲法採取「幾乎在其他國家憲法中看不到類似案例」的大權中心主義（美

濃部達吉的話）與皇室自律主義，正因為如此，這打造了若不依靠元老、重臣等**超越**憲法的存在媒介，則國家意見無法一元化的體制。這使得決斷主體（責任的歸屬）得以避免明確化，而且偏好「你儂我儂相互扶持」的曖昧（如擔任抬轎者所象徵的！）行動樣式在其中也默默有所作用。所謂「輔弼」不外乎是**揣摩**唯一正統性泉源的天皇意見，同時也透過給予天皇建言，而使天皇的意見產生具體內容。以上所述的**無限**責任中的嚴苛倫理機制中經常包含著落入巨大**無**責任體系的可能性。

明治憲法體制中之最終判定權問題

天皇制製作者們煞費苦心要使憲法制定權力無討論、爭議的空間，極力避免主體的決斷在政治結構**內部**出現外，反過來如伊藤之言所表示的，要絕對地明確化從外使這「一大機器」開始運作的主體。明治憲法之所以必須是欽定憲法，絕不只是關於憲法制定的手續問題，而是**今後**規定以君權為機軸的全國家機構活動的表面原則。在那之後，不管是在學術上還是在實際狀況上，「近代」國家中之憲法制定權力屬誰這個問題已無法再被提起了。為了回答這問題，讓我們回到憲法制定會議制定之時，看看那時森有禮（一八四七至一八八九）和伊藤博文、井上毅（一八四三至一八九五）等人之間展開的非常有意思的論戰。

在開始審議第二章「臣民之權利義務」這項時，森有禮突然對原案提出重大的異議。他認為把權利義務這些字記載入憲法並不適當。在他看來，臣民是 subject，因此臣民只對天皇有「分際」和「責任」，但沒有權利，故這應皆改為「臣民之分際」。伊藤立即反駁森，他說：「森氏之說當可說是要憲法學及國法學退去之說。原本，創設憲法的精神在於第一制限君權，第二保護臣民權利。故若不列記臣民權理（譯注：此依日文原文「権理」，以下同。），只記載責任，則無必要創設憲法……臣民有無限責任，君主有無限權力，是之稱為君主專制國……蓋從憲法中去除權利義務時，則憲法無法成為人民的保護者」。在這段話中，我們似乎可看到一個「進步主義者」伊藤的面目。相較之，過去在公議所提出廢刀令以來就是廣為人知政府內部數一數二的開明派森有禮何以變得如此反動？然而，森有他自己的想法。他答道：「臣民之財產及言論自由等乃**人民天然所持之物**，當於法律範圍內保護之，又有所限制之物。故似不該提倡於憲法中此等權理始生。……又隨便處理臣民天然所受之權理，徒講王權而稱譽不保護民權之事謂專制。且內閣為保護臣民權理而運作，在此即使去除權利義務之字，臣民依然當保有財產權利及言論自由。」其實兩人依然持續論戰，但本文就省略不談了。實際上，森的「分際」論是有問題的，當然會敗給伊藤。然而，這之間潛在的對立比表面所看到的更複雜，有許多思想上的問題。

森的說法相當類似從史賓諾莎（Baruch de Spinoza，一六三二至一六七七）到霍布斯（Thomas Hobbes，一五八八至一六七九）的自然法思想，從公的權利關係和個人不可侵之自然權二元論立場討論問題。憲法是前者的規範，就此點而言，森把「國體」的特殊性集中置入其中。但他主張人固有的自由權乃事實上的權利，不包含在任何實定法和權利體系中。曾在明治五年於美國寫出英文書《日本的宗教自由（日本における宗教の自由）》（*Religious Freedom in Japan: A Memorial and Draft of*

Charter，一八七二），敏銳地討論任何政治權力皆不可侵犯人的內在自由的那個森有禮的思想依然在這裡表現出來。另一方面，伊藤博文想把自由權全部吸收入憲法之中。所以，自由將解消於實定法上的自由。僅有憲法制定者的天皇，以一個絕對自由者之姿立於憲法所給予的權利義務關係之外。兩人的差異絕不只是學術上的差異。森的二元論問題是，他無法回答**最終判定**君民相互間的權利界線（即例外狀態）的是君主還是人民這個疑問。社會契約論辯證人民主權的歷史意義即在於此。就此意義而言，只要是採取欽定憲法原則和君主主權主義，比起曖昧地留下最終判定權問題的森有禮，伊藤的說法更具首尾一致的說服力。

但是，只要「國體」能自在地滲透入這一憲法所能保護的良心和自由的內在，成為可能「保護監察」人民的一種**精神**，則就算是在可容忍的範圍內，個人的良心和自由最終並無法得到原理性的保障。相對之，森有禮一方面強調君權之法的絕對性，又一方面強調公民權的事實絕對性。這種二元論正因顯得更現實，而有比較少的意識形態的粉飾性。這種二元論與高歌「好，即使公民尚不自由，只要政治自由的話」[13]的自由民權運動家的邏輯**相反**。自由民權運動家比起私領域的自律（社會**底層**中的近代人際關係的確立），更熱衷於獲得參政權。然而，不管是森有禮或許多民權論者，更不要說伊藤博文，他們欠缺的是，為防衛私的＝日常的自由受權力侵害，國民必須能把確保**判定全部**權力體系正當性的根據置於自身手中的想法。

對於制度的虛構性和其限度的自覺

把憲法和其他法的＝政治的制度和**製作**制度的主體問題切離，將之理解為一**完結之物**的思考樣式與把思想和理論理解為既成品的想法深深相關。在近世歐洲，唯一絕對的神有計畫地創造世界秩序的思考樣式被世俗化，這從內在準備好了具自由責任主體的專制君主創建虛構形式的法體系和理性的官僚制及統一的貨幣制度之道路。其間的邏輯媒介不外乎是笛卡兒（René Descartes，一五九六至一六五〇）的思

13　譯者注：原文是「よしやシビルはまだ不自由でも　ポリチカルさへ自由なら」。這是土佐地區自由民權思想宣傳歌「よしや武士」（或稱「よしや節」）中的一句。用來批判自由民權家不重視個人權利，只重視參政權。

想。他將精神和物體切離，主張我思故我在，志在重構經驗世界中之認識主體。歷史上專制君主的工作是，把中世自然法（自然從屬於超自然，自然秩序的各個部分受恩襲而構成有機的階層秩序）所辯證地支持的教會、貴族、結社等封建的身分自由特權解體，使之成為平等地服從於統一主權的國家一員。他們一方面自覺到權力的理性（國家理性的問題），一方面從教會自然法制約中解放了龐大的人的精氣。這兩個契機使得國家秩序得以合理地組織化，這雖包含著專制君主制導致的歷史性制約所帶來的不徹底性，但也建設了近代國家的形成基礎。而且，此時非常重要的是特洛爾奇（Ernst Troeltsch，一八六五至一九二三）所指出的，「這是在與教會的鬥爭中，習得關於自身世俗權力的敏銳明確意識的國家，同時具**無法且不該支配生之充溢的一種感覺**」（Troeltch, *Gesammelte Schriften*, IX, 302）。對於制度虛構性的自覺，同時也是對虛構性和生之現實間的分離和緊張的敏銳自覺。此一自覺當在歐洲近代完成，但各種制度自動開始運轉時逐漸變得稀薄，使制度的物神化這一「近代的危機」孕育於其中。儘管如此，今日歐洲依然保有絕對的超越神傳統，以及公民的自發性結社＝再結社的精神。從霍布斯到洛克（John Locke，一六三二至一七〇四）、盧梭（Jean-Jacques Rousseau，一七一二至一七七八）所完成的近代國家政治理論與近世認識論的發展並行，雖然彼此間有許多的差異，但皆繼承經驗世界乃由主體製作所組織化的這一想法，將位於頂點的製作主體之君主的角色轉為位於底層的主體公民的角色。而且，他們的思想發展為支持虛構國家觀的社會契約說，但依然保有在「生之充溢」與制度間之差異感覺。把兩者的二元緊張關係邏輯化的就是「自然狀態」和國家狀態間的關係化。雖契約說作為一種「學說」已顯得陳腐，然其中的緊張意識使得我們會認為「巨大的人群服從於相對少數人」這種過去的政治社會現實是「一個驚人現象」（Laski, *the Grammar of Politics*，頁二十一），從而形成公民社會的傳統，成為我們**不斷**質疑權力正當性根據的泉源。

近代日本中的制度和共同體

日本急速應對國際壓力，為了成為「不比外國差的國家」，以驚人速度快速形成統一國家和進行資本的原始積累，並展開幾無喘息時間的近代化過程（從末端的行政村至官僚制統治的貫徹實施、輕工業及軍需工業為機軸的工業革命的進行）。其社會祕密之一即是，依據自主特權的封建的＝身分的中間勢力抵抗過度脆弱。我們從明治政府在帝國議會開設之前，必須重新**創設**華族制度（所謂被創建的貴族制本來就是一種形容的矛盾）這種諷刺的現象，及不像歐洲有承擔社會榮譽的強韌貴族傳統和自治都市、特權同業公會、擁有不入權的寺院等，就可知日本對於國家權力的社會防禦本就脆弱。職是之故，前述的「立身出世」的社會流動性才在極早的時期就成立。在政治、經濟、文化等所有方面，近代日本可謂是種「暴發戶社會」（統治階層是由許多暴發戶所構成的），未伴隨民主化的「大眾化」現象隨著科技的普及，在較早的時期就已顯現出來。

總之，正因為日本之制度的「近代化」是以條約改正為重要動機的，其遭遇到的社會防禦抵抗比較少，在以國家機構為首的社會各個層面，近代化皆以如入無人之境的方式進展。但是，專制主義的集中使「多頭一身的怪物」出現在前述的權力頂層，與之對應的社會之平準化也未及於最底層村落共同體。我們或許該說在這兩端的中間地帶之所以可能快速地近代化，即是在制度上和意識形態上保存和利用了頂點和底層兩端的「前近代性」。山縣有朋（一八三八至一九二二）推行的地方「自治」制在法律上使底層的共同體結構得以維持的同時，並與天皇制官僚機構發生關聯。其間的社會媒介就是以共同體為基礎的地主＝名望家統治，而有意識地使該結合意識形態化的就是「家族國家」觀。

這個因同族（不用說，包括擬制的血緣關係）紐帶和共同祭祀及「鄰保共助的舊慣而成立之部落共同體是種情緒的直接的＝結合態勢，在其內部不許個人的存在，迴避決斷主體的明確化和與利害的對決。就這點和該部落共同體也是「固有信仰」的傳統發源地這點，以及權力（特別是通過入會和水利的統制而顯現的權力）和恩情（老大和小弟間的關係）之即自的統一這點，部落共同體是傳統的人際關係的「模範」，構成「國體」最後的「細胞」。那是對應於位於頂點的「國體」，超近代的「極權主義」和「民主主義」與和氣藹藹的「和平主義」等一切意識形態皆**原**

本就包攝於其中，故一切「抽象理論」的束縛皆被解放，而融入「一如」世界的場所[14]。所以，從明治到昭和，統治階層一貫顧慮就是使用所有方法防止隨著「近代化」而發生的分裂、對立等政治狀況，不讓該原因滲透入頂點的「國體」和同樣是底層的「養育如春風和氣之子，使孫子長大之地」（山縣之言）的自治體內部。

理性化的下降和共同體心情的上升

日本的近代國家發展動態一方面是中央啟動的近代化（**理性的**官僚化有不只會變成原本的官僚制，也會變成經營體和其他功能集團組織原理的傾向）向地方和下階層人民波及、下降的過程。另一方面，則是以如右述的「村」或「鄉黨社會」為模範的人際關係和制裁方式（不是糖果和鞭子〔俾斯麥〕，而是「流淚**的**責難和愛**的**鞭子」〔《勞政時報》一九四二年八月二十一日〕）從底層冒出，轉位到所有國家機構和社會組織內部的過程。兩種方向的無限往復構成日本近代國家發展的動態。因此，一般而言，不管我們以哪種組織和集團，及上中下哪個社會平面來看，一定可以發現其中近代社會所必須有的功能理性化契機（及以為基礎的權限階層性），及家父長的或「閥」、「重人情」的人際關係契機所產生的複合情況。就認識論方面來說，那會以非人格的＝理性的思考表面和貼近直接的感覺、習慣並存的方式顯現，而且作為功能形式，則會表現為領導權的非一元化，且過度關注他人事物的傾向（用福澤諭吉批評明治政府的話來說，就是「多情的老婆婆」傾向）。其次，重要的是，天皇制**社會**之所以能順利地再生產就是因為上述兩個契機（當然，會因時代變化和組織性格有比重的差別）微妙地相互依存，不會只傾向一方的結果[15]。

14　「在這樣的家中，以家長為中心，一家同體。其中無私有財產、共同工作、共有。尊重家中長者，而在上者也必須勞慰在下者。為養育小孩，一家之主也必須工作。一家中若有病人，則那個人可消費比誰都多的經費，而其他人皆不可抱怨。在此，無理論支配著現實。這種家族主義的特質打破封建主義的殘骸，我們當重新接受。共產主義者所夢想到的種種社會在我們的足下」（小林杜人編，《轉向者的思想與生活》，頁十五）。

15　當然，相對來說，在中央官僚機構和巨大工業中，形式理性的要素實質上或至少表面上優越，越往底邊的功能集團去的話，**即使只是**表面上，越會強調共同體的規制。例如農家小工會，「所謂農家小工會是，依存內在於部落中之非商品經濟的自然村乃至傳統的結合力而展開諸活動的地方部落」（《產業組合》一九三八年，頁五十四）。就像是農政學者所定義的，農家小工會是部落**那種東西**。但即使是企業，到最頂端時，反過來同族的、家父長生產的精神和結構會占優勢，銀行、產業、商事中的各部分統合入作為股票公司的「總本家」。在其下進行「老闆政治」的日本財閥結構就是小寫的天皇制國家。

這一平衡狀態會因近代化而容易崩解，但那其中的「統治技術」會藉由從上注入的國體教育和從下吸收的共同體心情來不斷地進行調整。那相當危險，但最後總算成功。正因為如此，無論徹底地從機制面來暴露其中的結構組織的共產黨，還是純粹將之作為心情體系來理解右翼民族主義者（其他的社會政治條件暫且不論），都不免會被斥責為與日本帝國的常識（即與大人見解）背道而馳的「極端」來認識的命運。

制度化的進展和「人情」的矛盾

但另一方面，明治以後的近代化在政治、法律、經濟、教育等所有領域中輸入歐洲生產的「制度」，而且是以不斷「改良」的方式來吸收的，故無法徹底地理性機構化。雖然如此，日本帝國也不能只依據「人情自然」，故一定會困擾於不斷發生的崩解感覺。這致使一方面從統治意識形態這邊不斷地發出制度化會破壞「淳風美俗」（「民法出忠孝亡」——穗積八束（一八六〇至一九一二）的憂慮[16]和警告，同時在另一方面，會有官治（這也被等視為法治）「偏於形式」、游離「地方之實情」等抱怨不斷地從「下」而來陳情的情況發生。這也成為玄洋社、大日本生產黨以來，代表日本式「田園俠勇」（Cavalleria Rusticana）[17]的國粹團體，及直接占據農村「實情」的中小地主等反中央、反官僚主義的發酵源頭[18]。內在於此的矛盾是複雜的。

16 所謂「淳風美俗」可說有如對結核菌素測試呈陰性反應的狀態。當時，有各個農家跳過共同體秩序，「直接」進出販賣、購買流通面的傾向，不僅有從地主的土地游離出來的情況，也出現青年和婦女的自主行動、投票行動的改變等對農業危機之經濟和政治的反應，大致上都市化的影響（正因為沒有免疫性，故採取更激烈的形式）也威脅其「健康」。不！本來內在於部落的行動樣式消極面向也可能帶來轉化為陽性（結核菌素測試呈陽性反應——譯者）的結果。連在東北農村隨處可見的逃避徵兵傾向也在聯隊區司令官的報告中，被指為「自由主義、個人主義的影響」（據大正二年十二月〈各聯隊區管內民情風俗思想界的現狀（各連隊区管内民情風俗思想界の現状）〉）。

17 譯者注：丸山在原文「田園の俠勇」上頭標上「カヴァレリア・ルスティカーナ」，即十九世紀後期的義大利小說，後又改編為歌劇，中文翻為「鄉村騎士」。

18 此種反抗不一定是以中央＝官僚對地方＝農村的方式呈現的。如上述，只要制度**中之**精神是一種形式理性和家父長式心情的複合情況，例如企業「制度」對「進步的」官僚的抱怨也可不斷地出現。明治二十九年時，澀澤榮一對於工場法案，強烈主張：「我絕對反對**據唯一偏頗之道理，設立有如完全模仿歐洲之物的想法**」（第一次農商工高等會議中的發言）。在那之後，從工會法案到退休金法案，資本家對於雇傭關係法律規制的一貫抵抗依然會以勞資間之「淳風美俗」為要塞。這點不用再說明了吧！此間的摩擦存在於「近代」行政和「近代」企業之間。

第一，只要「實情」是生根於共同體習俗，那**本來**就於理性化＝抽象化之一**般**情況不相容，因此不管何種近代制度本來就不可能適合於「實情」。再者，第二點是，「制度」作為一種既成品已被各個部門各自輸入，有許多情況是在缺少制度**化**的過程（全體的計畫性和個別的實態調查結合）中實施的，故漸漸與現實之間形成一種惡性循環。其「改善」成為所謂公務機構的操弄，只是在桌上的自我運動。第三，本來，近代的制度和規則是以社會現實無限多樣性為**前提**的，以之為規格而整理、秩序化而成立的。其中，規則的劃一性與其「界限」意識相即（參考先前引用的特洛爾奇之言），但在近代日本，制度運作方式是依據權力和恩情自身的統一，那不僅會無限制地進入日常生活內部，帶有將之規律化的傾向，而且會反過來受到「情實」的規制而有所伸縮，以致失去作為一種尺度的平衡作用。如此一來，「機構的理性」被注入了從日本社會底層冒出的家父長精神，且因為這種在地的心情實感，私生活上**曖昧**且重壓下來的官僚統治和組織壓力再從天而降，而被接受為近代制度和組織中之一**般**必然的邏輯[19]。就這樣，一家一村「水潑不進」的共同體心情或對之產生的鄉愁會更加刺激巨大都市的雜然感（**無**計畫性的表現），而以各種旋律形成「近代的超克」之通奏低音。

19　部落共同體的人際關係可謂是日本社會的「自然狀態」，僅就這點來說的話，那也對從上而下的近代化＝官僚化（國家狀態），提供了日本式「抵抗」形態的模範。但只要那與從本來的實感中抽象出來的規範意識無緣，那種「反抗」無法構成規範形成力和秩序形成力而有所作用，只能以極其非日常形態爆發。那經常會捨棄生活之場，藉由時務的「慷慨」在沒有組織媒介的情況下一舉將自己和究極的價值合一化，以致反而使其抵抗反被體制方面的操作所吸收之結果，或者大則在接待所、銀座的酒吧，小則在村裡的集會中，放聲高歌「富士的白雪」以發散其能量，然後再封閉到日常的「實感」世界中。這種「抵抗」的兩面性，正如日本的民族主義是，動員底層之家族愛或部落愛到體制全體的方向，及官僚的國家主義方向合流而成的。這也讓穗積八束這種官僚的國家主義者感慨地說：「我固有之忠孝大義乃中外欣望之所，可誇於萬國……然於國家之自覺，我尚或有當不得不羨歐洲二三立憲國民之處」「所謂忠君愛國之至情大多流於疎大之慷慨心，以身辯殉國之大義的同時，做虛偽之事情，逃避兵役之義務，欲隱蔽資產以免課稅」（《論文集》，頁三二九、三六五）。近代日本的民族主義到最後還困擾於此一兩難之境，而上述抵抗的兩面性與這種情況正好呈現出表裡的關係。這種沒有自然權的自然狀態或許是「潛藏於日本文化根柢之物」（きだ・みのる〔山田吉彥的筆名——譯者〕），然只要那是不經抽象的「具體」，於此之中便無法形成質問權力根據的姿態。

四

二種思考模式的對立

如右所述之狀況，即隨著日本近代化的進行，一方面不知其「極限」意識而把制度物神化，另一方面與自己密切貼近的「自然狀態」（實感）無法提升至規範意識。因此，兩者呈現為官僚的思考模式，及庶民的思考模式（與公民有所區別）或說Loafers（據有島武郎的用語）的思考方式。兩者對立，幾乎無法溝通。這構成了「組織和人」的日本形式。而且，兩者的功能完全作用於不同層次，因此思想無法相互媒介，共存於一人之中。有時會因場合而區分使用，有時則結果會有意或無意地從不同方向來服務於共同目的。隨著近代化矛盾的加劇，兩者出現乖離的情況，但本來內在於「近代」而保有微妙平衡的契機兩極化，即日本的「制度」和「精神」之結構關係在認識論層面表現為兩極。所以說到底，日本的社會科學「傳統的」思考形態和文學中更傳統的「實感」的思考形態呈現不相交的平行線情況也可歸究於同一根源。

實感信仰的問題

日本近代文學是，在「家」的同化和「官僚的機構化」這兩個推進日本「近代」的巨大力量夾擊下努力摸索，欲抓住自我的現實這種狀況中出發的。而且，日本近代文學有以下特色。（一）國語（日本語）的性格是，雖有十分豐富的表現感覺暗示的語彙，但邏輯的、表現普遍概念的語彙極缺乏。（二）與右所論相關，日本文學的傳統是，將自己的情感寄託於四季自然，或以極度洗練的文體來細緻地考察起居與行為舉止和微妙地變化的「心情」，而使之形象化。（三）正因現實主義是以勸善懲惡之反命題方式產生的，故沒有以理性精神（古典主義）和自然科學精神為其**前提**，因此容易接上國學那種把**事實**絕對化和密切貼近直接感覺的傳統，在自我意識的內部中，規範感覺沒有與慾望和好惡情感明顯分離。（四）文學者（森鷗外

（一八六二至一九二二）那種例子是例外）都是官僚制階梯中的落選者或直接環境（家和鄉土）的逃離者，或為補償參與政治運動的挫折感而參加文學的人也不少。總之，他們是自己和別人都認可的，從日本帝國的「正常」臣民軌道中脫離的「多餘」的存在。因此，與制度之近代化緣分不深，也因如此，不得不超越其意識上的立場，明顯傾斜於「傳統的」心情和美感。

於是，對制度的反抗（反官僚的**氣氛**）與對抽象性和概念性的生理上之嫌惡密切聯結在一起。而且，**反**俗物主義源於對前述「暴發戶社會」中之地位和名譽的反感與輕蔑（有時是情結），有一種佛教的厭世觀，會產生俗世＝現象世界＝概念世界＝規範（法則）世界的等式，越來越將對理性思考和法則思考的反抗「傳統化」。而且，不像歐洲浪漫主義從正面否定自然科學的知性，近代日本全體皆過度依存於自然科學和技術的成果，且我國文學者缺少懷疑科學真實性那種精神的強韌度（或說頑固）。如此一來，一端是不該否定的自然科學領域，另一端是感覺所觸及的狹小日常現實，只有這兩端被作為現實的世界而保留下來。文學的實感或者滿足於後者狹小日常感覺的世界，不然的話，只有絕對的自我超越時空，以「自由」的直觀抓住瞬間閃耀的真實之光才會感到滿足。存在於中間的「社會」這個世界**本來**就曖昧，如何**解釋**皆行，且畢竟只是虛幻的現象。終極的選擇終究是２×２＝４或**文體**的問題（小林秀雄，《致Ｘ的信（Ｘへの手紙）》）！

馬克思主義在日本的思想史意義

有一種思考方式是，在所有的政治和社會意識形態中嗅到「不潔的抽象」，會一味地沉溺於自我實感。這種思考模式一旦被壓倒性的巨大政治現實（例如戰爭）圍繞時，幾乎會以對於**自然**現實一樣的「誠實」心情將之絕對化。對於這樣的過程，我在此就不深入討論。取而代之地，最後我擬就在我國代表社會科學的思考，並在傳統上一直觸發對文學「實感」之抵抗的馬克思主義問題，在與上述主題相關方面提出討論，以概括論述日本知識結構的問題性。

由馬克思主義一手代表社會科學這件事是如後述的悲劇原因，然其中也有其必然性。第一，日本知識界因馬克思主義才首次從政治、哲學、經濟等個別視角來理解社會現實，且也因之習得將之相互關聯並總合考察的方法。其次，我們也因之學到歷史研究的課題，不只是據資料來確認個別事實或探究指導人物的榮枯盛衰，而是追求多樣歷史事象背後的基本原因。雖然這種綜合社會科學和結構的歷史學觀點在孔德（Auguste Comte，一七九八至一八五七）、盧梭、史賓賽（Herbert Spencer，一八二〇至一九〇三）、巴克爾（Henry Thomas Buckle，一八二一至一八六二）等移植到日本的明治初期也有，但後來卻失去了。第一個原因是天皇制的統合過程，第二個原因是剛好歐洲在十九世紀以後，社會科學的個別化、專門化急速展開，故在日本的學院中各科也是一開始就接受專門化的學問形態，而另一方面雜誌評論也日漸大眾化。馬克思主義之一大**學問的**魅力即在於此。

第二，與上述之事相關，姑且不問科學者自己是否有意識到，馬克思主義指出任何科學研究都不可能完全沒有前提，科學者是站在一定價值選擇上進行知識操作的。馬克思主義把以往只是在哲學方面極其觀念地意識到的學問與思想間之不可分割的關係，以「黨派性」的激烈形態加諸於所有科學者。而且，該思想不是從各種角度解釋世界，而是以變革世界為自己必然的任務。將認識主體從直接所參與的現實中隔離，然後再藉由與之構成尖銳的緊張關係來邏輯地重構，以理論為推動現實的**槓桿**，這也可說是大約從笛卡兒、培根（Francis Bacon，一五六一至一六二六）以來，當然內在於近代知性的邏輯，在我國也是由馬克思主義才得以被大規模地喚醒的。我想這樣說並不過分。

還有，我國沒有基督教的傳統，也是馬克思主義在**社會規模**中教我們思想這種東西不只是書齋中精神享受的對象，其中也有身而為人的人格責任。從前述那種思考方式來說，即使在共產主義者的大量轉向中，有許多狀況是以傳統方式出現的，但思想的轉向導致留下各種良心的傷痕這種事情也是在以前的思想中未曾見過的。所以說，馬克思主義給日本知識人的內心帶來非常深的影響，將之理解為其他外來時髦思想一樣，歸因於日本人愛流行和知識上的好奇心這種想法是十分膚淺的。

理論信仰的發生

但是，馬克思主義在日本有如此巨大的思想史意義這件事情本身也有悲劇和不幸的緣由。近世理性主義的邏輯和基督教的良心及近代科學的實驗操作精神是現代思想的傳統。馬克思主義或明或暗是以這些傳統為**前提**的，但究竟是哪種世界觀才能將三者的任務攬在一手中實現呢？日本的馬克思主義難以承受如此之重負，也不足為奇。這件事反過來說的話，首先第一，結果馬克思主義大概一手承受了理論的、概念的且抽象的東西，受到日本感性的抵抗與排斥。第二，不只是馬克思主義者，一般的哲學者、社會科學者、思想家也在這一點上或多或少相通，尤其是專家以外的廣大讀者群或政治家、實業家、軍人、記者等，把哲學、社會科學作為一種教養而重視時，則會以更激烈的形式表現出對於理論和思想的拜物教傾向。但正是因馬克思主義極具體系性，以致人們會誤認為這是馬克思主義所特有的。從今天看來，正如馬克思主義獨占「思想」問題那樣，教條**主義**好像也成為馬克思主義的專賣特權。所以，「教條」所具有的意義和功能幾乎沒有得到反省，而且馬克思主義以外的主義、世界觀、教義等在日本的風土上被理解、信奉時，是否也跟馬克思主義一樣教條主義化了的問題也往往被忽略了。

理論信仰的發生在精神結構上對應於制度的物神化。正像近代日本的制度和運作組織不是以精神（自由主體以嚴密的方法上的自覺為基礎，概念式地整合理解對象，通過不斷的檢證而重構的精神）為其創造泉源，將之作為既成品接受的同時，往往比起**從**現實的抽象**化**作用，更重視抽象化的結果。因此，理論和概念失去其作為一種虛構的意義，反而轉化為一種現實。所以，外國人教師會語帶諷刺地驚嘆，認為日本大學生和知識人在以各種範疇之「抽象的」組合來進行的概念操作方面比西洋人更好。

但是如此一來，被放置在於現實同一平面上的理論與豐饒的現實相較，當然會顯得貧乏。特別是對前述的緊密貼近現實的文學者來說，那幾乎是種難以耐受的精神暴力。因教條會成為教條**主義**，對它的反抗也會顯現為對教條**本身**的蔑視，以致實感信仰和理論信仰間形成無窮的惡性循環。

但是第三點，不可忽視的是，在理論和現實的關係上，作為一種整體的世界觀的馬克思主義特有的想法會與日本知識人的思考模式結合，而使理論的物神化傾向更加嚴重。眾所周知，黑格爾用密涅瓦的貓頭鷹在**黃昏**時起飛來比喻哲學，即當一定的歷史現實幾乎毫無保留地展現時，哲學將理性地掌握之，使之上升到概念的層次。馬克思主義一方面繼承了這種黑格爾主義立場的同時，一方面又是在將之逆轉的過程中成立的。世界之整體自我認識的成立成了該世界沒落的印證，這正是欲把資本制生產的全部過程理論化的馬克思主義非比尋常的能量泉源所在。但是，在傳統上難以把理論理解為一種虛構的我國，這種把握住全部歷史現實的想法一旦生根，常常導致理論（或法則）和現實間輕易地預定調和信仰。

理論中的無限責任和無責任

本來，理論家的任務不是與現實一舉融合，而是比照一定的價值基準，用方法來整理複雜多樣的現實。所以，整理後的認識儘管是非常完美的，也無法全部包括無限複雜多樣的現實，更不是現實的代用品。那是在理論家自身的責任中，從現實，不！是從一部分的現實中有意識地抽出的東西。理論家一方面要致力於嚴密的抽象操作，另一方面要看到現實中，在自己的操作對象之外有無邊無際的曠野，其邊際總在朦朧的亮光中消失。理論家必須對於此一現實有所**斷念**[20]，且對於在操作過程中遺落的素材有所**愛惜**。此種斷念和對遺落之物的感覺能培養對於自己的知識操作之嚴格倫理意識，而且能喚起將之理論化的精神動力。

但是，不論是對於實踐（實感！）的自卑形式，或是理論的物神化形式，在理論和現實被置於同一次元競爭的知性風土中，方才所說的黑格爾↓馬克思那種想法容易產生下列的結果。即一方面，我們認為自己所依據的理論立場**本來**就整體地把

20 剛才說明制度化和現實之關係時，我引用了特洛爾奇的話。我希望你們再來想一想他說的話。「理論是灰色的，現實則是綠的」。這是歌德說過的名言，也是馬克思主義最重要的理論家列寧喜歡的一句話。然而，這句話也有各種扭曲的版本。第一，理論的追求等畢竟非關人生中的本質事物。不是二葉亭四迷本人，但這種想法提供他曾說過的「其不足為男人一生之事業」的那種慷慨派或實感現實派正當化的根據。第二，激進運動的「實踐」比較重要。第三，一方面「堅持」理論的學院主義，另一方面以機會主義的心態追隨「實感」（我們知識分子在各種方面對庶民有著自卑感，所以面對「庶民的實感」時，就容易無計可施）。因此，「理論信仰」和「實感信仰」可並存於同一人之中。

握住現實，或能把握之，故沒有了責任的限定。又，我們必須對無限現實負有無限責任的原則實際上反而表現為對於自己學說在理論上的無責任感，而且更糟的情況是，那無責任感被曖昧的人道主義**感情**中和，而沒有被敏銳地感受到。不過，就馬克思主義的情況來說，因為其總體性理論化所蓄積的對於現實的負債，會因現實總體的革命性變革而得到償還，但這種馬克思主義的機制在總體性變革有實踐可能性時，或即便不是如此，組織論和自然成長性和目的意識性結合，從日常生活面到最高層次的問題，只有在各個層面有效地推進時方能實現。若欠缺上述的任一條件，只是推進理論的物神化的話，幾乎無可避免地就可能會變成在社會科學和歷史學**中**，革命自行自慰的一種革命學術主義，或經典（《資本論》）的訓詁考據學。

如前所述，上述的問題並不是只有在嚴密意義上的馬克思主義間才看得到，日本的社會科學或多或少一直有這類的問題。社會科學與文學不同，**原本**就是邏輯和抽象的世界，而且（不管是好是壞）因為不一定要潛入自我精神的內部（不經由個性的媒介），**可以**只遵從科學的「約定」來對對象操作，故至少關於理論化的內容方面，受日本的思考模式直接束縛的契機是小的。正因如此，容易顯現為對象化的理論和其背後**活生生**的人們之思考模式的分裂。所以，社會科學的構想和文學的構想的差異以就像是**日本中的**「歐洲」對「傳統」的問題方式表現出來。真正的問題難道不是兩者以相反方式共同刻劃出來的日本「近代」的認識論特質嗎？當社會科學家和文學家皆能對於這一點有所自覺時，兩者的共同場域方能展開。要切斷前述的官僚式思考和庶民式思考間的惡性循環根源。這正是當前吾人所當為之事。

結論

讓我們再回顧一下這篇論文的出發點。我們的傳統宗教總是無法與在新時代流入日本的意識形態進行思考的對決，並通過這樣的對決來使傳統再生。因此，新思想一個一個被無秩序地埋積著，近代日本人之精神雜居性越來越嚴重。日本的近代天皇制本是作為權力之核心和精神「機軸」，來應對這個情況的。然國體以雜居性的「傳統」本身為自己的實體，故那無法實質上用來當作整理、秩序化我們的思想之原理。毋寧說，國體只在否定的同質化（排除異端）作用這一面具有力的作用，但從一開始就內含著桎梏人格主體（不論是就自由的認識主體或倫理的責任主體或秩序形成的主體而言）成立的命運。戰後的變革讓這個假的「精神的機軸」一舉從頂端跌落。於此我們可觀察到，日本人精神狀況中原本內在的雜居的無秩序性因第二次「開國」而幾乎被顯露到了極限。思想界的「混迷」這個語詞是明治以來統治階層和道學的保守主義者之共同說法。然若思及在戰前思想和現實之間的自由溝通是相當受阻的情況，我們可以說現在我們才迎來真正的思想的「混迷」。我並不知道在這種情況中會出現什麼樣的東西。但可以確定的是，我們已無法再從這裡折返了，而且也無折返的必要。

加藤周一認為日本文化本質上是種雜種文化，討論過去試圖將國粹化或純粹歐洲化的嘗試皆告失敗，故提出我們當積極從雜種文化中抽出意義的看法。這是值得傾聽的意見，我大致贊成其說法，但在思想方面，我想做一點補充。第一，將雜種性「積極地」肯定為一種負面意義的東西融合論、辯證法的統一論等論述，我想已經太多了。第二，如我在這篇文章中經常使用精神的雜居這樣的表現，問題的重點是，異質的思想沒有真正地「交往」，但同時並存於空間之中。若多樣的思想能從內部進行交往的話，則可期待如**雜種**這個語詞所表現的新個性出現。若只是調調情、吵一下的話，則頂多只是重複前述之無生產性的爭辯而已。

我剛才用「竹刷子文化」、「章魚罈文化」的比喻來說明兩種不同類型的社會，一是在基底有共通的傳統文化的某社會，另一則是從一開始就已專業分化的不同知識集團或意識形態集團形成各自封閉的「章魚罈」，各自的集團間只能彼此使用同伴語言，而難以形成「共有的廣場」那種社會，且把日本視為後者的典型（參照本書Ⅲ〈關於思想的應有方式（思想の在り方について）〉。當然，這種類型化只是要凸顯一個特徵，不是打算展開一種普遍的社會形態論）。在二戰前，我們暫且以作為「機軸」的天皇制為一種公用語，並以之串聯「章魚罈」間，但這在二戰後已不可行了。而且，國際間的交流激增之故，產生了比起國內各集團或團體間之**相互**溝通，反倒是集團以各自的通道和國際間的溝通比較順暢這種奇怪的現象。當然，另一方面，二戰後社會的流動性增大和媒體的發達，使得不同的團體彼此接觸的機會也的確增多了。

例如昭和史論爭等，在歷史學者間，那種方向的太平洋戰爭史研究在很久以前就已開始並有書出來了，但恰巧以文庫本（岩波新書）的方式出版後得以普及，並以之為契機而開始了論爭。那個論爭顯現了社會科學者和文學者彼此的歷史觀差異是非常大的，反過來說，這也說明了過去兩者間的溝通是多麼少！就這個意義而言，以跟以前完全不同的價值規範思考**問題**的知識社群彼此往來、對話這件事（若沒有被媒體壞的那一面所毒害的話），可以成為從多種經驗而來的抽象**化**在各個領域中磨練的一**個**條件。再者，再從更具大眾規模角度來想的話，具多樣論點的多種層次的組織化縱橫交錯這件事，或有助於防止因價值關心的單純集中所導致的思惟懶惰，並能提高自主的思考。但是，這樣的社會條件一方面不僅同時使認識的整理、秩序化變得困難，甚會使其固著於片斷的「實感」，或加深將之錯認為新思想形態的傾向。不論就認識面或實踐面，要把雜居提高到雜種的這種能量依然需具強韌自我控制力的主體方能產生。讓這樣的主體得以出現正是**我們**「革命」的課題。

第二部

● 代日本的思想與文學

──作為一個案例研究──

前言

政治──科學──文學

說到昭和九年（一九三四），那正是「文藝復興」這個標語在報刊雜誌中開始出現的一年，戶坂潤（一九〇〇至一九四五）在題為〈反動期中的哲學與文學（反動期に於ける哲学と文学）〉論文（收入《日本意識形態論（日本イデオロギー論）》昭和十年，白楊社）中，一邊以其慣用的辛辣筆調指責「所謂批評就是文藝批評這種迷信」的流傳，一邊如下說道──他們要談文藝復興等問題，「然他們認為應當復興的不是包含科學和生產技術的文藝乃至文化，而只是單指作為文學的『文藝』」，而且因在這旗幟下工作的評論家們是要把宗教、神學、形而上學和文學結合，使之復興。其結果是，只有科學被這運動遺留了下來，未能復興。但與其如此說，倒不如說：「似乎因文學和宗教、神學等的復興，而被打倒的舊權威正是科學」——這實在與歐洲文藝復興的情況相反。

所以，戶坂潤一直到昭和十一、二年為止，也就是在整個所謂「文藝復興」期間，都是最具戰鬥力的批評者。當然如後所論，文學的邏輯性和直觀性或理性與非理性等主題正好在這個時期重新變得火熱，許多文學雜誌和總合性質的雜誌相繼討論這個問題。所以，我們可以說這有其歷史原因，不一定是戶坂引燃的。但我認為不管要給予正面或負面的評價，主要是戶坂潤以「文學主義」這一用語來表現規範當時知識界逐漸蔓延的漠然精神氣候，並因之引起「科學主義」這一相反規範，而使得論爭以文學主義對科學主義的方式發展的。也就是說，如戶坂自己承認的（〈人們稱我為教條主義（ひと吾を公式主義と呼ぶ）〉，《中央公論》昭和十二年八月），此時期「科學主義」一詞的流通是針對「文學主義」這一批評用語的「善後之策」乃至「面對批評所引起的相對回應」。

雜誌《文學界》在昭和十二年七月號中，找來三木清（一八九七至一九四五）、岡邦雄（一八九〇至一九七一）、谷川徹三（一八九五至一九八九）、佐藤信衛（一九〇五至一九八九）、大森義太郎（一八九八至一九四〇）、青野季吉（一八九〇至一九六一）、島木健作（一九〇三至一九四五）、小林秀雄（一九〇二至一九八三）等當時橫跨哲學、自然科學、社會科學和文學領域的代表選手，舉辦了以「文學主義和科學主義」為題的研討會。這可以說是這一主題發展以來的高潮。正是在這樣的背景下，所以我們會看到如下在會中大森與小林兩人之間有如漫才式的問答。大森說：「就是因為用科學主義這種用詞才有問題」，小林則回說：「就是因為用文學主義這種用詞才有問題」（笑聲），大森又說：「是你說科學主義、文學主義的」，小林又回說：「這是主題嘛」（哄堂大笑）。

從歷史和今日之問題的角度來看，「文學主義」和「科學主義」這種用語即使正如小林所說的，是為刊載在報刊雜誌上方便使用的「題」，其中所包含的實質問題極具重要意義。即從歷史角度來說，那是從昭和初期以來「政治和文學」主題在這一階段的變奏曲，同時我們也可將之理解為那也是二戰後，從「和平論」經過

「昭和史論爭」至「實感信仰」問題這一社會科學或歷史學的理解和文學的理解間交叉、對立的**前奏曲**。所以，若要討論在所謂「文藝復興」期提起的諸多論點是在何種思想背景中誕生的，我們必須在普羅文學理論中之政治與科學的關係去探尋。本論文的撰寫動機就是，在所謂「政治與文學」這一文學史上眾所周知的主題中再加入「科學」這一思想契機，或更正確地說，讓「科學」的次元獨立，以政治—科學—文學的三角關係重探問題的方式來照亮近代日本文學的思想史問題[1]。

1 所以，我是將昭和初期到太平洋戰爭的這一時期設定為一種實驗性的案例，並非有意要敘述這一時期的歷史乃至文學史。

一

在明治末年文學與政治這一問題的問法

戶川秋骨（一八七一至一九三九）在明治四十二年的《國民新聞》（十二月八日、九日號）中討論「文學與政治的進步（文學と政治の進步）」這個問題。在那篇文章中，戶川批評在今日、也就是明治末期這個時點上的政治，他舉從文學角度主張我們是生活在《雪中梅》時代的德田秋江（一八七六至一九四四）之說，及與該主張相反的三宅雪嶺（一八六〇至一九四五）之說來討論。三宅認為在諸文化中文學是最落後的，今日的文學有如明治初期的軍學（！）那種程度而已。戶川一邊批評，一邊說明自己的見解。總之，他提出的結論是，在承認文學的進步這一觀念本身的曖昧性基礎上，勉強地說，文學是比政治稍有進步，但其實差異不大。筆者沒有時間去找出雪嶺的軍學程度論到底是從哪裡來的，就此意義而言，我並無法正確地說明。但我想三宅似乎舉明治初期在**法國**壓倒性影響下的軍學，來譬喻說明即使是今日最好的文學（大概指自然主義文學）也不過是外國文學的模仿，專門熱衷於輸入外國文學。相對之，秋骨反駁說：若要這樣說，則比文學等更「物質上的事・有形的事物」是根本比不上外國的，同時也不能說文學比政治進步二十年或三十年。他舉伊藤博文統治韓國的事跡，然後一邊比較小村壽太郎（一八五五至一九一一）和塞吉・威特（Sergei Yulyevich Witte，一八四九至一九一五）後說：「例如思想的解放這種事，在文學方面是頗重要的事。可是相對於其重要性，成果依然還少。**在日本國中只有少部分限定的人有感覺到這一問題**」。快速地提出這一比較論的是石川啄木（〈文學與政治（文学と政治）〉《東京每日新聞》明治四十二年十二月十九日—二十日，收入《啄木全集》第九卷）。

石川啄木雖沒有提出他的根據，他大抵認為如秋骨所說的，文學與政治沒有什麼差異，但與秋骨不同，他認為政治比較進步一些。但比起這個結論，啄木更注意到文學與政治比較論成為一個問題本身的意義，他認為這是「人們開始具體考量文學與實際生活的交涉」的證據，斷言：「廣義上可謂唯美主義的人可能會對於這樣的趨勢一笑置之，但將來這將成為一種重大勢力給予未來日本文學的內容某種變化。不，一定會是這樣的」。這實在是非常符合石川啄木性格的「預言」。

在這些討論中，我們可看到思考「政治與文學」這個問題在明治末期是如何被接受的線索。我之所以介紹上述的討論，也是因為想把上述的討論與後來的論述對比研究。亦即在明治末年與昭和初期的討論中，「政治與文學」皆是一起朝向進步來競爭、比較的。第二，如啄木自己注釋的，他認為「比較進步一些」的「政治」自身「與其說是政治，不如說是日本的國勢比較妥當」，主要指日本之國際地位和勢力，即向外的政治。這亦符合秋骨所舉的例子。反過來說，在這以外的「政治」並沒被看作比較的對象而有具體形象。第三，與上述兩點相關，啄木的「預言」實在具「預言」的意義，因為在現實中，政治與文學乃至政治和（秋骨所說的）「思想的解放」皆幾乎是在沒有接觸的狀況下，各走各的路。在這個討論的不久後，就爆發了幸德秋水事件。受該事件深刻衝擊的啄木雖說：「我們當傾注全部精神於明日的考察——對我們時代的組織性考察」（〈時代閉塞之現狀（時代閉塞の現狀）〉），但若沒有考慮到現實中「思想的解放」之**場**在「國勢」整體中是不成問題般地狹小的話，則不能理解這個事件的思想「影響」意義。（例如：這點與我們如何理解森鷗外的《像這樣（かのやうに）》那本小說有關。若我們試著去理解身為官僚的森鷗外為「思想善導」而苦心編出支持天皇制觀念支柱的姿態，會覺得這反過來把天皇制的諸多矛盾已相當顯露出來的大正末期以後之情況反投射在這個時期。正因森鷗外那般尖銳鮮明地表現出天皇制的虛構性，他在「特殊」的知識人之中又顯得更特殊。）

我又想起了夏目漱石（一八六七至一九一六）。他在〈Treitschke（トライチケ）〉（《點頭錄（点頭録）》）中，介紹英法批評家討論黑格爾以後的思想家對德國軍國主義的影響後，他說：「在現代日本，政治終究是政治，思想也終究是思想。兩者在同一社會中，但各自孤立。彼此間沒有理解也沒有交涉。偶爾似乎看出兩者的連鎖關係時，總是會遇到禁止發行這種壓抑的情況」。這種事情現在依然持續。

襲擊文學世界的「颱風」

在第一次世界大戰後的勞動運動、社會運動興起，及隨之而後馬克思主義和共產主義的颱風襲來時，像這種「政治與文學」或「政治與思想」的關係面臨一大轉機。隨著「國勢」——即國家對外的發展停滯，**向內的**政治風向也吹進思想界。在這種狀況中，因與「國家」有所區別的「社會」意識成長，在各種文化領域中，每個人都有任務要在與新登場的「社會」關聯性中定位自己。大正末期就是這種時代（約從一九二一年左右開始，隨著大山郁夫〔一八八〇至一九五五〕向「社會集團」，長谷川如是閒〔一八七五至一九六九〕向「生活事實」各自求取政治基礎，幾乎當時開始嘗試將「政治學」從「國家學」中解放——前者的《政治的社會基礎〔政治の社會的基礎〕》與後者的《現代國家批判》是最具象徵性的。他們與河上肇〔一八七九至一九四六〕、櫛田民藏〔一八八五至一九三四〕等日本馬克思經濟學建立者皆有私交）。

特別是在文學領域中的「颱風」特別強且複雜。不管好壞，人文科學和自然科學擁有「大學」這個城堡。幾乎是在不受國家庇護的情況下，文學的自我也能在向「國勢」顯示不關心和輕蔑態度中成長。但突然要面對吹來的旋風時，也不得不決定去留。

「社會」登場所導致的路線接近

首先，**競賽**的意義發生變化。在這之前，如前所述，「國勢」與文學的路線是非常不同的，頂多會有評論家對這個問題有興趣，但對一般文學者而言，這並非迫切的問題。但現在「社會」政治比「國家」政治更受重視，「機構」的政治與「運動」的政治開始對峙，政治的路線向原本是「民間」的文學路線突然靠攏。而且，就文學看來，其所謂的「社會」與之前的自然主義和白樺派對峙的「世の中」或「世間」不同，是分裂為「階級」的，且伴隨溝通手段的發達和帶有**機械**般非人格的相貌。不管如何，那不會是與己無關之事。以從「世間」進展為「階級社會」的方式對應於這種路線，急遽接近的是從《一個宣言（宣言一つ）》經過《播種的人

〈種播く人〉》到普羅文學的潮流。又，發展於新感覺派文學的現代主義動向一邊與之交錯、對立，另一邊主要從人際關係「機械」化的側面來理解問題。

即使如此，我們不可忽視文學與政治的「競賽」意識雖改變形式，但依然存在於普羅文學、特別是興盛期的**普羅文學**中。如後所述，普羅文學史在日本文學思想整體中所具的「革命」意義是，「政治」從在與其競賽者的旁邊位置變為從正面以「絕對者」之姿，以切斷文學**內心**世界的方式出現。但直到從昭和四、五年（一九二九、一九三〇）到所謂轉向**者**文學時代（昭和八年後）為止，這一意義才被清楚地意識到。在那之前，一邊繼承「競賽」的傳統，一邊也只是意識到意義的轉換而已。平林初之輔（一八九二至一九三一）有名的〈政治的價值和藝術的價值（政治的價値と藝術的價値）〉（《新潮》昭和四年三月）中開始敏銳地出現上述兩個面向的交錯。這點是具劃時代意義的。文學與「國勢」有所區別的「社會政治」的競賽是怎麼一回事？結果就是以革命（眾所周知，其性格在二七綱領到三二綱領間有激烈的變動）的緊迫性意識為前提，文學家們開始思考在情勢如此**激進**狀況下，文學當做什麼？相對於**進步的**「政治」，又當如何克服文學的**落後**？若不以「革命」的腳步聲已如萬雷轟轟作響的緊切感為背景，就難以理解與藝術評價基準和內容、形式的問題，及與創作活動和組織活動有關的種種熱議的背景。

馬克思主義給「文學」的衝擊

但第二，若衝擊文學世界的「颱風」僅止於競賽意義轉換的話，那應當不會給「布爾喬亞」文學領域那般重大的衝擊。關於馬克思主義在近代日本精神史中所具有的劃時代意義，我在〈日本的思想〉中已有闡述，在此不再說明。至於那對於我國**文學**傳統所具之意義為何的問題，我想就讓馬克思主義文學批評最難應付的對手小林秀雄來說是最恰當的（或許現在也是）。

「就連在文學批評的領域中，可以說至今為止我們沒有受到科學的影響。在這樣的狀態中，突然有人極端地導入科學的批評方法。不用說，那是乘著馬克思主義思想而起的。對於接受這個變化的文壇來說，這真是個唐突的事件。**完全沒有準備**。

當然，其反響比其實質影響更大。因為這誇張的反響，導入這方法的人們和接受這方法的人們皆**忘了我國的批評史傳統中，連類似於此方法的方法也沒有**。這是沒有一個批評家指出過的**我國獨特情況**。當有人批評某人的布爾喬亞式自由主義批評不可行時，被批評者一開始並不覺得自己是在從事自由主義文學批評，但之後**不知何時**竟開始自誇自己的批評是種自由主義批評。若不從視之為我國獨特之事的視角來解釋的話，是無法說明清楚像這樣到處發生的複雜滑稽情況」（〈關於批評（批評について）〉，昭和八年）。

小林非常鮮明地指出了問題。即日本的「自由主義者」自我意識是因馬克思主義才被創造出來的問題。這不單對文學史，對日本學問史和思想史的理解皆是具有決定性重要的事情（關於這個問題，我們只要想起河合榮治郎〔一八九一至一九四四〕的自由主義即可——他為對抗馬克思主義，異常熱衷於建構橫跨存在論上五個階段的思想體系，但那體系本身卻也成為明顯的圖式主義樣板。這真是令人覺得諷刺）。但如小林所說的，在我國的批評史傳統中連類似於此方法的方法也沒有。至少我們可說相較於其他領域，這件事在文學領域中的確受到特別強烈的影響。所以，其對文學家產生的內心衝擊也是比較大的。小林在那一年後寫道：「至今為止，為何寫短篇小說的人和自然會去閱讀的人自然而然會勢力愈來愈大？一言以蔽之，就是欠缺思想性之故。從馬克思主義文學輸入後，才開始有人認為日本文學中有邏輯結構的思想，並認真處理這問題的……回頭看看自己寫過的東西就能明瞭那種慌張與苦悶」（〈讀《紋章》與《風雨會變強》（「紋章」と「風雨強かるべし」とを読む）〉，昭和九年）。上述小林的陳述更具體地說明了「衝擊」的意思（小林的這一評價與其之後的「私小說論」相關）。

當然，所謂科學批評或實證批評這些語詞在法國自然主義輸入以後便常常被討論到。然而，這種情況中所說的「方法」幾乎只具「技法」意義而已。不過，已有許多人指出過了，就算是將之作為「技法」來理解，也是相當曖昧不明的理解。總之，即使有對「科學」或「實證的」象徵的憧憬和懷疑，那種方法並沒有從基底動搖文學的自律性，頂多只止於意識到能「攝取」多少而已。就此意義而言，我們可說在那時「科學」與「文學」還是在競賽的範疇來理解的。

但因為我們是從「世界觀」角度來理解、接受馬克思主義的，所以情況就完全不同了。那並不是文學者可任意「採長補短」的簡單技法，而是大規模地掌握住人類全體那種「具邏輯結構」的思想。艾爾文・浩威（Irving Howe，一九二〇至一九九三）說：「意識形態不外乎是作為克服社會生活抽象性的手段，而想保有抽象觀念之努力的一種表現，被逼到牆角之人們的熱情」（《小說與政治（小說と政治）》，中村保男譯）。正是在「世間」急遽地變為非人格之物時，馬克思主義以具有上述意義的最初「意識形態」切入文學世界中。

烙印在文學者中的馬克思主義形象

若我們看普羅文學在最盛期過後，**非**馬克思主義的文學者用何種語詞來形容馬克思主義的特徵，就可知道這「颱風」所留爪痕的樣子，非常有趣。越是簡單的表現，反而越可窺見沉澱在這些文學者精神中的精華。例如：橫光利一在《紋章》

中，讓久光說：「你知道馬克思主義這一**實證主義的精神**最近才輸入日本吧。若碰撞到這傢伙馬上反彈回來的話，一定大概知道所謂自由是什麼，否則他就不夠格稱為知識人了」。這是該書中有名的一段。當我們也這樣想時，之後橫光說：「馬克思主義所準備不足之處是，愛概念勝於任何事。就連愛現實與愛概念的差異也不知道的情況下，愛概念的馬克思主義終至被現實復仇。（《備忘錄（覚書）》，昭和十五年）比起現實更愛概念的實證主義！又，阿部知二（一九〇三至一九七三）在〈關於文學（文學を繞って）〉（《文學界》，昭和十二年七月）中，談到大正時代中的文藝感性基準——他說什麼是美、什麼是藝術家的基準在文壇和讀者間皆有，他說：「很明顯地，在這個問題上，馬克思主義的『理性主義』是對此基準的一種革命」。在這裡，他非常慎重地把**理性主義**加上括弧，因為文學家把馬克思主義的方法直接稱為邏輯主義或理性主義的例子非常多。原來如此，伊藤整（一九〇五至一九六九）在戰後的回想中，說：「從我開始寫散文那時開始，馬克思主義既已徹底地撼動文學世界。我們難以抵抗這個實踐倫理改變藝術之文藝性格的恐怖勢力」

（〈我的文學生活（わが文學生活）〉，《新文學》，昭和二十二年八月），強調馬克思主義的「實踐倫理」側面。

上述這些話語皆是敘述年輕人內心受馬克思主義衝擊的經驗。但另一方面，也有像正宗白鳥（一八七九至一九六二）這樣的情況，**日本**自然主義的現實感覺已浸染其全身，所以這位文學大家幾乎對思想的「抽象性」沒感覺。在他看來，「現在的志士型批評家是想強迫大家接受我們的文學是種主義或思想的宣傳書嗎？這樣的批評家與讀馬琴的文學而感動於其勸善懲惡主義的情況是一樣的……即有回到坪內博士的《小說神髓》以前的感覺。他就是這樣批評青野季吉的〈關於批評（批評についで）〉，昭和十五年）。從其批評，我們可知道在他看來，馬克思主義的文學批評似乎有如儒教勸善懲惡主義的直系後代子孫。即便受到如此之批評，對日本近代文學而言，馬克思主義是最初的實證主義、理性主義、科學方法、實踐倫理，是種非常厲害的主義。

昭和文學史的光榮與悲哀

要嘲笑這些文學者對馬克思主義理解的淺薄是很容易的。但**實際上**，馬克思主義中確實有上述的要素，這是無庸置疑的。同時，自笛卡兒以降，大陸的「理性主義」對英國的「經驗論」就是近代哲學中基本對立的兩種潮流。其次，十九世紀實證主義是以十八世紀啟蒙理性主義的反命題登場的這件事也是哲學史的常識。啟蒙「理性主義」是唯物論的，但孔德的「實證主義」頂端卻是觀念論的。馬克思主義是將理性與實證性以辯證法揚棄的唯物論。其次，馬克思主義不是如黑格爾以觀照的方式，而是以實踐的方式把專門依據普遍概念的自然法思想和其反命題——即著眼於歷史特殊性的浪漫主義對立統一的世界觀。從思想史角度來看，的確是如此的。然這談何容易！至少若我們盤點昭和初期的文學狀況，就會發現「布爾喬亞」文學者的**混亂**，他們把實證主義和理性主義或包攝為一般法則和歷史意識等混為一談，然後貼上馬克思主義的標籤。另一方面，馬克思主義評論家乃至前衛作家的思想也相當**單純**，他們將一切皆置入統一的體系中，並以「體系」之名揮舞著。這兩者在社會上幾乎是等值的。在近代歐洲中，有其各自的來源和來歷，並在各種邏輯組合中發展而來的思想要素皆只被凝縮在一個「科學的世界觀」中而被帶入藝術的世界，然後馬克思主義就成為綜合象徵而有所作用。正是在這一點，我們可看到日本的普羅文學史，不，以普羅文學為起點而展開的昭和文學史的光榮與悲哀。

從政治（＝科學）的優位到政治（＝文學）的優位

從上述所說的兩種契機，即（一）文學與政治之競賽的意義轉換、（二）「有邏輯結構的思想」，對於文學的切入，這兩個軸心形成「颱風」的基本結構。而且，這兩個軸心乃因「政治——更正確地說站在普羅階級立場上的政治——是科學有意識地適用」這一命題而在內面結合難以分開的。從**此一意義的**「政治對文學的優位」，才導致問題的發生。有人主張與明治大正文學史相較，昭和文學史最大特徵是，不斷在政治與文學關係中苦鬥這點（平野謙，〈戰後文藝評論〉，昭和三十一年）。在這種情況下，昭和初期時文學主要對決的「政治」與從中日戰爭到太平洋戰爭時必須對決的「政治」是不同質的。我想這是不用再多說的。

在我看來，我們不能只是從內心世界的文學如何與「外界」現實政治的變動發生關係這個觀點來理解從這一意義的「政治」慌慌張張轉移為那一意義的「政治」的問題，若順著文學自身的政治觀來看，無論如何就結果而言，在上述出發點的「颱風」特殊結構一定會給因普羅文學的「轉向」或「反動」（這不必然立即是政治的反動）所產生的各種氣運刻上某種共通的印記，且大大地左右了戰時體制中之文學存在方式。因筆者把政治對文學二元對立關係再投入「科學」或「理論的東西」對文學的理解方式這個問題中，所以有了以**三角關係**來重構的動機。

從上述觀點事先大概描繪一下颱風的「反動」的話，我想是如下的情況——因「政治的優位」原則而開始的文學與政治的關係，以昭和九年（一九三四）普羅階級作家同盟的解體為界，其主要著力點開始微妙移動，與之並行的，如在開頭時我所說過的，「科學主義與文學主義」的問題開始受到評論界的注意。然後，隨著昭和十二年（一九三七）中日戰爭爆發所展開的「新體制」運動之進展，「科學主義對文學主義」這一問題意識漸減弱，評論家開始以更直接與「政治」相關方式來討論文學。總之，「文藝復興」的迴光反照時期正好是文學和科學的關係集中成為討論對象的時期。

當然，我們無法非常清楚地區分表面的主題，然至少我們可以說到昭和八、九年為止，「政治的優位」被有意地推到前面，文學的方法與科學的方法皆以與之相關的方式被提出討論，而此時的視角和文學已**大概**和「政治」剝離，而以和「科學」的關係成為文學評論之主要主題，其視角是有明顯差異的。然後，昭和初期文學者開始敏銳地意識到「政治的價值和藝術的價值」的關係，這一昭和初期文學狀況正是以「科學主義與文學主義」的論點為媒介，被轉為逆向量的「政治的價值」優位的時代。所以，以下將討論第一期的「政治的優位」原則中之「政治之物」與「科學之物」的思想關聯具有何種問題性的問題。

二

普羅文學理論中之政治及科學的總體主義

從青野季吉提倡「目的意識性」（《文藝戰線》，大正十五年九月）開始，到從全日本無產者藝術聯盟到日本普羅階級文化聯盟的過程中確立的「政治比文學優越」的原則深深扎根於方才所論的兩個軸心的思想癒合狀況中。因此，關於「全日本無產者藝術聯盟」系統文學的「誤謬」也不只是不該以黨的方針和指令引導作家的行動（創作活動和組織活動），結果扼殺作家的自發性和創作性這樣而已。若僅是如此，無法明白解釋問題。事實上，主張過去被模糊理解的普羅文學徹底往「共產主義藝術的確立」方向發展，提供「全日本無產者藝術聯盟」指導性理論的藏原惟人（一九〇二至一九九一，筆名佐藤耕一）在〈全日本無產者藝術聯盟藝術家的新任務（「ナップ」芸術家の新しい任務）〉（《戰旗》，昭和五年四月）中，說：

「我們絕不是要求藝術家在其作品中直接表現我們的政治標語。反之，雖說我們是以……『確保、擴大黨對勞動者、農民的政治和思想的影響』為階級的藝術任務，在不弄清其和藝術之特殊結合之處，看到我們至今為止提出問題方法的缺陷」。

當然，現實上以指令和口號引領的最單純意義之「政治主義」說不定在「從帝國主義戰爭到革命」的意識背景中橫行。即便如此，上述以創造為生命的作家即使十分相信黨的無誤謬性，筆者不認為他們會被上述素樸政治主義所主導。事情若如此簡單的話，則不用中野重治（一九〇二至一九七九）來說，要拒絕「藝術中並無政治價值」這種話並不困難。反而是只有因政治＝階級鬥爭的**總體性**把**總體地**理解現實的理論和世界觀內面化為創作方法，真正藝術地形象化的表面原則方能貫穿，而且那種政治的總體主義（在本文中，為與「全體主義」〔totalitarianism，極權主義〕這一概念區別，暫且先名之為「總體主義（トータリズム）」）和科學的總體主義結合在一起壓在作家身上，「政治的優位」原則能發揮如此威力的祕密即在此，這也是**現實**引領主義的思想酵素。

龜井勝一郎（一九〇七至一九六六）在〈我的精神遍歷（我が精神の遍歴）〉（《龜井勝一郎著作集》第二卷，昭和二十七年）中，舉「政治的動物」第一特徵為「愛好理論」。無庸置疑，這是來自龜井自己在「全日本無產者藝術聯盟」時代中活生生的體驗所得到的實際感受。然而非常清楚地，這種理解方式大抵與世界史中之「政治的動物」實體相反，也和政治學常識**完全不同**。例如：斯普朗格（Eduard Sprange，一八八二至一九六三，他並非政治學者）在〈生的諸種形式〉（E.Spranger: *Lebensformen*, 一九二二）中把人類型化，分為理論人，然後經由審美的、社會的等等到宗教人等類型。這是非常有名的一種把人分類的嘗試。我只要看看這一分類中，使「政治的動物」純粹結晶化而成的權力人（Machtmensch）形象如何與理論人（Der theoretische Mensch）不同即可知道「政治的動物」如何與理論距離遙遠。從馬基維利到柏克、從俾斯麥到列寧，即便我們取政治思想史上偉大政治家的話來看，都能看到他們的政治智慧本領，對於以「一般原則」來制約可自由操作之狀況有著本能的警戒心，認為那是危險的。就此意義而言，政治的現實主義雖不是投機主義的，但經常要求隨機應變。越能隨機應變，越能對隨狀況變動而產生的**新**問題有所敏感地反應，方能對「現實」洞燭機先，提出新處方箋（所謂狀況追隨主義不將狀況理解為可操作之物這點不過是政治現實主義的反對物）。但是，在日本的普羅文學運動，不，在普羅運動的一般情況中，亀井對於「政治人」的理解具有不可否定的現實性。

政治的和圖式化的

作家聯盟的錯誤是在運動衰退期，積極地批判自己或反對陣營在「政治圖式化主義」中。但是，政治之物本非圖式化主義的，反之圖式化主義之物也非政治性的。這種把太過理所當然的事不視為當然的，當人們用政治的圖式化主義來批評自己或他者時，不管是否服氣，大家都知道那是在說什麼。本來「政治」和「圖式化」是不可能琴瑟和鳴的，但大家卻對這兩個語詞的結合不感到奇怪。這種情況中所象徵的政治觀正是問題的所在。像這樣，切除或輕視政治中之非理性要素是把政治等同法則這種「政治優位」思考所產生的第一個結果[2]。

政治過程中的情感動員

我們必須談談政治中之非理性問題。政治過程中不可避免地會發生非理性的契機，因為第一，所有政治皆因組織化人的活動這個無可避免的要求，必須不斷動員人性中的情感要素。在革命或動亂等政治的極限狀況中，這種要素沸騰是理所當然的。政治雖常被理解為非人性的代名詞，但本來比起法律和經濟，政治世界中有著更強烈的人味。政治中之人的問題自柏拉圖以來，就成為政治思索中最大主題的根

2　我並不是要主張從馬克思主義的政治觀來說不可抽離的必然性導致這樣的結果，只是從經驗上觀察這種傾向的頻率高。不，現在或許也是這樣的。我舉手邊的一例來說，舉佐佐木基一〈日本的法西斯主義與日本的藝術至上主義（日本のファシズムと日本の芸術至上主義）〉（講座《現代藝術》V，昭和三十三年）這篇論文中的一段話。他說：「這個時代的特徵是，否定全部客觀現實的非理性主義的哲學和思想，即敵視規範人類社會關係的一切法則，因此拒絕一切的政治，以致只以自我內面問題為對象的思想風靡社會。」敵視一切法則為何變成「因此拒絕一切的政治」？正因敵視一切法則而與特定政治纏上關係的例子不管在國內或國際上皆到處有人賣弄，且第一，他的論文銳利的批判本身是以這樣的問題為對象的，但他卻……。

據，及與政治學鄰近科學的經濟學和法律學相較，政治學被理解為欠缺嚴密性的曖昧學問的理由也在於此。

大抵最具人味的政治常常產生相當**不**具人性結果之處，正潛藏著政治的最大矛盾。法西斯政治中的拷問、暴行、集體殺人等各種非人性的契機乃直接誕生於構成法西斯意識形態核心的非理性主義和反智主義。相對之，共產主義或其思想的源流雅各賓民主主義的政治過程中非人性的契機常常以其「理論」的封閉性，及完美主義被翻譯為實踐面的形態出現。前者把政治理解為本質上非理性的，故視非理性的行動為理所當然。相對之，後者把政治——特別是我方政治還原的太理論性＝合法則性，反常陷入讓具體非理性情感恣意跳梁的結果。

昭和十年初期，左翼或其同伴者知識人對於政治的不關心開始擴大，其原因不只是政府對於運動的打壓，及運動內部中之領頭羊陸續轉向。其中的一個原因是，因全面總體的「理論」裁斷下所留下的殘存部分在下意識世界中埋藏非理性情感，因運動的衰退而急遽被意識到，且那非理性情感以各種方式向與「理論」**等式化**的

「政治」展開復仇。特別給予轉向、脫落後依然在心中深信共產主義「信條」的作家相當大的衝擊是，關於蘇聯圖哈切夫斯基（Mikhail Tukhachevsky，一八九三至一九三七）事件的報導。就是這個報導讓一部分舊普羅作家有動機在思想上更接近本就舉反政治的「文學主義」大旗的小林秀雄等人的《文學界》主流路線。但是衝擊他們的核心不是重新讓他們認識到現實政治（real politics）中活生生的現實所帶來的嫌惡和恐怖感覺，而是在於對昨日還是同志者所做的那個大肅清——由大家公認的馬列主義最重要理論家之決斷而行的這個問題。這帶給他們很大的衝擊。

例如青野季吉在〈萎靡不振的普羅文學與其課題（不振のプロレタリア文学と其課題）〉（《中央公論》，昭和十二年三月）中，論及反革命審判日的〈地獄的報導〉，他老實地談到他受到衝擊，說：「我們至今為止大致學了革命邏輯學，但幾乎沒有學革命家的人性學」，所以在接觸到這次這樣的事件時，「身心皆崩塌」，更進一步說：「沒有道理把革命邏輯學和革命家人性學切割開來。而且不用說，不伴隨革命家人性學的革命邏輯學是相當不充足的」，他主張在進行反法西斯鬥爭時，普羅文學當不安於法西斯的政治經濟學規定，把「法西斯的人性學」納為己物。這個想法中明白表示出他受到上述那種衝擊的接受方式。另一方面，他依據「革命的邏輯」，對因之而被裁斷之人的關心中可見到一種小市民的感傷主義。這是一種「政治主義」**或**「科學主義」的一元論。另一方面，認為反正政治就是這樣的東西，我們是與之無緣的眾生。這是一種「文學主義」的一元論。我想青野想在這兩者間，把政治**中**的人性當作一個文學課題來探究這點是十分值得評價的，然連從劃時代地提倡「目的意識性和自然生長性」以來，在運動分裂中論爭，且受正統派罵倒的青野在接觸到該「外國」事件以前，都沒有意識到政治中之情感＝非理性的契機和革命邏輯學中的差異，並將之視為問題。這反過來，證明**過度**理性主義的政治觀是如何深深扎根於馬克思主義文學理論中。

就此意義來說，當然包括轉向作家在內的文藝復興時期的領導者對於「政治主義」的反抗，會與對被以「理論」裁斷之人性的擁護結合在一起。但是，他們**全面地**對政治的總體主義和科學的總體主義有所反應，專在非理性之物中，追求文學中之人性的課題，因此他們的「反政治主義」反而使他們喪失了在自己心中找到有著非理性面向的政治批判原理的機會。他們直接繼承了「全日本無產者藝術聯盟」時代中封閉的「科學」和「體系」的想法。這是一個壞的遺產，他們將之與文學對立，使後來的所有悲劇或喜劇都發源於此。

政治中「決斷」的契機

政治中之非理性的契機不單是意指不人道的殘酷，也出現在不可避免的動員猜疑、恐怖、憎惡、嫉妒等人的情感的政治過程。不管在何種政治過程都累積大小無數的**決斷**（當然不是用算術把個別決斷合計在一起），那構成了**第二個**發酵源。不管是何種歷史法則，不管是何種精密的現狀分析，對於面向行動要決斷之人而言，無法以完全可能計算的方式來表現出接下來會到來的事情。不管何種「具體的」理論皆具一般的＝概括的性質，故理論和個別情況間總是有差異，跳過這個差異之後只剩下「絕體絕命」的決斷而已。

這不只適用於革命的狀況中，是否「現在此時此地」要發動總攻擊這種巨大的政治決斷，不管在如何日常的、如何微細的政治狀況中，「不做不知道結果如何」這種「賭」的要素皆伴著一個一個的決斷。在「試著做了」瞬間中，行為已被編入狀況中，與在「試著做」前的，即成為「理論的」分析**對象**的狀況已改變。「布丁的味道不吃不知道」（The proof of the pudding is in the eating）。這句話的**政治的**真實即在於把這種個別決斷和法則認識間不斷再生產的緊張關係公式化。正是因要對於規定無法處理的非理性面向「賭」一下，這種「賭」將成為**自己**必須負責的賭。若不是如此，以為全面的理論會對應全面的現實，因此「正確的實踐」是從理論中內在必然出現的，則人格的決斷會經常還原為一般的＝普遍的東西（普羅階級或人民大眾或世界觀等），這導致政治的責任感退化，看不到在自己的責任中操作狀況的可能性。

作為思考法的總體主義和官僚制理性主義

這種把政治中的「直觀」和「賭」的要素絕對化、自我目的化的是法西斯的意識形態。使「**例外**狀態中之決斷」（施密特）**優越**於規範和邏輯的正是這個「邏輯」。所以，法西斯在**原理上**是政治**至上**主義的。相對之，把所有行動皆理解為規則中演繹出來的，儘可能把決斷的時刻從視野中排除是法治國家官僚之「理性主義」思想的典型[3]。這是過去曼海姆所論的（他的《意識形態與烏托邦》英語版第三章）。曼海姆把這種思想和馬列主義的辯證法式思考特質區分開來看，認為馬列主

3　以所謂法秩序完全性觀念為基礎的「法治國家」官僚的思考樣式是，創造出曼海姆所謂「閉鎖的＝靜態的邏輯系統」，各個裁量和決斷完全設想為這個系統的具體化。因此，即使從他們的立場要就事件和狀況來用比較實用主義的方式處理，也只是以表面上就法規的演繹來處理的方式說明。在這種情況下，全部理性化為系統「內在的」發展邏輯乃至自我增殖，但在其反面，對於新狀態和事實的發生，與其通過新的立法使系統能適應新的事態，反而在現實上會產生以恣意處置的方式來解決當面問題這種極度的機會主義。遇到無法計測的非理性現實（如不穩的空氣或動亂）時，會以系統的完全充足性為前提，將之理解為這是從外部來的對內部均衡的擾亂。

不管是官僚的或布爾喬亞的，與完美主義結合的理性主義翻譯成科學觀的話，那就表現為如下的思考法，即宇宙由唯一真正真理或從第一原則邏輯上必然產生之相互相關的諸法則所支配，那惟有用唯一正確方法的手續才能解明。相對之，實驗的科學觀是，不斷著眼於「既知的」法則之例外現象，讓構想力發展，透過設計假設，然後以經驗測試的過程來檢證假設。那是以不中斷的過程來思考方法的問題。這個「理論」並不是唯一的也不是絕對的，總是向新經驗開放，尊重集團組合而成的許

義結合了在總體的狀況分析中之理論的＝主知主義的思考（與法西斯不同）與對革命實踐中之非理性契機的承認（與官僚式思考和布爾喬亞自由主義式思考的差異）。但是先不論這樣理解是否正確，在**現實的**馬克思主義運動中，上述兩種契機要以正確比重保持平衡是極困難的，在個人的思想中則更困難了。例如在無政府工團主義（Anarcho-syndicalism）傳統強的地方中，非理性的飛躍要素比較明顯，在自由主義傳統強的地方，則理性討論的樂觀主義比較明顯表現出來。像這樣，思考模式容易隨其國家的文化或政治傳統而傾斜到某個側面。

那在日本的傾斜狀況如何呢？這個問題本身是需從獨立的思想史角度檢討的主題。福本主義以降的正統派「理論信仰」結構與其說是布爾喬亞主知主義式的，不如說是接近於官僚制理性主義（對應於法律學中的概念法學）。這恐與以下兩點有關。首先，就傳統上來說，日本理性的＝規範主義的思考是在作為德川家產官僚制意識形態的儒教，特別是朱子學的系譜上發展出來的。再者，領導馬克思主義運動理論戰線的成員許多都是帝大新人會出身的秀才。

政治總體像與日常政治的完全對應關係

在伴隨過度理性主義的政治總體主義支配思考的地方，「政治」表象向政治的總體像（例如全國的或國際規模的階級鬥爭）收斂，該總體像（以下稱之為「大政治」）滲透至各個政治過程中，並將之包攝。「大政治」被認為與日常政治有完全對應的關係。我現在沒有時間去檢討各個作品以探究在普羅文學中，「政治之物」如何形象化的問題，只能等別的機會再論。現在，評論家就不用說了，作家也一旦有意識地談「政治」時，就會以政治過程的定義來取代如上所述的「大政治」或政治大目標。在這點上，例如「政治的價值和藝術的價值」的提出者平林初之輔說：「馬克思主義是一個世界觀，但其最急迫的目的在於要求集中普羅階級的所有力量

多人的經驗（實驗）。沒有懷疑精神的話，當然理論假設性的意識也不會成長（但是絕對懷疑如在笛卡兒思想中可見的，實際上與絕對確實的追求只隔一張紙，經常是終結於完美主義）。

就這點回到當前問題來說的話，平林初之輔之政治和藝術二元論不是「不管什麼都要懷疑真理的懷疑家」，而是在下列想法中提出的。他說：「一般而言，對於像這樣全新尚未解決的問題持疑是不得已的，這不是壞事，反而是希望發生的事，**應避免太快設置不完全的正統**」。這超越其二元論自身的不完美，在今日看來是值得評價的。在近代日本的文學者中，二葉亭、漱石、鷗外等人具有這種立基於穩健懷疑精神的「開放」科學觀。從歷史角度來理解這種科學觀和他者意識及市民意識的關係是極有趣的課題，但我在此就不深談。

組織普羅階級以奪取布爾喬亞的政權**這個政治重點**」。相對之，斷言「藝術中沒有政治」的中野重治則說：「為奪取國家權力的鬥爭，為獨占生產手段，對抗現在階級的機構重編是種鬥爭」。中野所說的鬥爭的定義與上述平林所說的一致。那皆是政治鬥爭的目的或目標的定義，而非政治過程。

當然，並不是事實上不考慮在運動中日常性地調整人際關係，和其他群體組織這樣的問題。問題是，與其說大政治和日常政治（或可說日常鬥爭，政治越下降到日常人際關係的次元，越帶有「鬥爭」這個語詞所無法表現清楚的陰影）呈現**積分**的關係，倒不如說日常政治有如大政治單純縮小再生產，即被理解為以**小文字所寫**的全社會＝或全世界規模的階級鬥爭。這與剛才所說的問題——對意識到超出「理論」之個別決斷過於輕視的問題，及從**日常的**觀察中之例外事態製作假說的科學思考過程脫落了的問題是同根源的。若把這種政治的總體性包括全部微細日常性的思考法翻譯為文學創作問題的話，免不了會變成下列的情況。「即便在藝術的情況中，作家若不從全國的規模、世界規模的角度來處理現在的社會事象題材的話，沒有真正實際的意義。……把不管多細小局部的題材與全社會性質和現在的歷史性質結合是現階段普羅階級作家的任務」（勝本清一郎，〈藝術運動的前衛性與大眾性（芸術運動に於ける前衛性と大衆性）〉，《新潮》昭和四年六月）。

方法的總體主義典型

藏原惟人的藝術論即是把這種政治觀和科學觀的總體主義精緻地理論化為藝術方法。看他在〈關於藝術方法的感想（藝術的方法についての感想）〉（《全日本無產者藝術聯盟（ナップ）》昭和六年九月）中綿密地舉具體例子展開唯物辯證的創作方法，不禁覺得他想要求作家能有幾近乎**神技**的任務。我無法在此批評這論文全部的內容，只取他於藝術創造上區別可概括現象和無法概括現象的論點來說。

據他所言，藝術也同科學一樣，但藝術以與科學不同的特有方法把現象概括為一般之物（這是正確的）。但本質上有所差異的現象無法概括乃至不可概括。例如：在同一時期同一地方，同樣的指導者下所發生的一些佃農爭議是可以概括的。但是都市普羅階級的罷工和農業勞動者的罷工是無法概括的，不同時代也不可概括。不過今年春與夏的鬥爭是可概括的。這並不是時期長短的問題。看見「那個時代的本質差異」是重要的。例如藏原說：三．一五前後的鬥爭我不能視之為一個矛盾。

這裡所舉概括的例子作為歷史的認識問題含有極重要的論點，但何謂「本質的」差異？限定問題視角和幅度的話，可說在三．一五前後本質上的狀況差異，但不能說是「絕對的」。例如：把滿州事變發生前後之鬥爭形態的差異視為**本質的**，從這個觀點來看，我們當注意三．一五前後的共通性而非以差異來概括之。總之，在藏原的想法中，完全排除使認識的視角移動，或提出各種觀點將之組合的可能性。這是理所當然的。「普羅階級的觀點——只要藉由辯證法的唯物論方法料理統一的現實是認識現實唯一正確的觀點、方法，該現實就會與現實中之客觀之物一致，成為現實本質的表現」（同上）。若**唯一正確的觀點**、**方法**才使本質的表現可能的話，讓觀點移動或組合本不是問題，因可概括之物和不可概括之物作為不可動的客觀性已閉鎖於「現實」中了。藏原的理論太直接以馬克思主義「邏輯」來切割文學方法，這是其缺陷。但在這個問題之前，他對「邏輯」和科學的理解方式本身就是最大的問題。而且，這絕對不只是藏原的問題。

政治（＝科學）像的崩解——轉向的始點和終點

像這樣，在普羅階級作家的創作活動及組織活動中，表面的基準是所有日常性一般化為大政治，正因如此，其結果是現實上日常生活被小政治翻弄。作家的實踐不是在出席委員會的閒暇時間寫出打敗歌德（Johann Wolfgang von Goethe，一七四九至一八三二）和托爾斯泰的大文學嗎？這個林房雄（一九〇三至一九七五）不是悲鳴也不是大言壯語地叫喊（〈身為作家（作家のために）〉，《朝日新聞》昭和七年五月）即出於此原因。與持續打壓全日本無產者藝術聯盟系統的運動的同時，開始萌芽的思想轉向是，對細分化為日常性之「政治優位」的反抗開始要求更重視創作生活，接著反抗把個人面對的問題壓迫成為一般表面原則的傾向（看看島田健作〈一個轉機（一つの転機）〉〔《改造》昭和十年十月〕中對作為「階級鬥爭的空花」

之女黨員的處理方式吧），最後那將走向中野重治所說的「對一般之物的咒怨」，而完結循環。

正因為大政治和日常政治的總體一致成為表面原則，當這種一致的信仰，因「客觀情勢」的急遽變化而開始崩解時，往拒絕「抽象」的大政治滑動的傾向性強。在第二個轉向之前的亀井勝一郎在〈作為藝術氣質的政治慾望（藝術的氣質としての政治慾）〉（《文學界》昭和九年八月）中，論道：「一身背負一個暗黑的時期，及在其中的一切敗退和沉鬱的根源而不退卻」時，會出現真正的政治能動性。然後他說：「所謂政治主義是對黨派盲目追隨而來的非政治主義之矛盾表現」。他把過去的理論的總體主義讀為非政治主義的同時，在其抑壓的非理性熱情沸騰間，欲見藝術與政治之灼熱的融合。在這些話中，我們可鮮明地讀出這位準備下一次飛躍的浪漫主義者姿勢。

日本近代文學中的國家與個人

關於始於昭和八、九年的轉向文學之文學史階段論或其社會背景等已有許多研究，我無須在此多論。只是我覺得若從明治末期以來的文學和政治的設問方式關係來說的話，下面這幾點一定要注意。第一，隨著「作為運動的政治」再度引起潮流，被遺留下來的個人變得需直接面對「作為機構的政治」。我們可以說普羅文學中之個人的發現是出現於廣義的轉向文學階段。政治與文學之競賽意義已消失，個人內面中的政治對決開始受到重視。在日本文學史中消失已久的國家（從與社會區別之意義來理解）對個人這個問題在此時形成最切實的形象。不少普羅文學作家從與集團孤立，面對牢獄牆壁的體驗中，開始把我是誰這樣的問題視為文學課題來處理[4]。

4　以自由民權運動為背景的「政治小說」和以木下尚江為代表的「社會主義文學」不算的話，日本近代文學中的自我幾乎都是在於「家」「世間」「社會」的關係中成長的。在自然主義成立的時代中，天皇制國家正是通過寄生地主制在全國確立後併吞**社會，故**國家權威能安於「家」和「世間」之權威的陰影中（家族國家觀的支配）。「那時，我們的身體最受到義理或人情等的強制——不，受到社會、社會道德律與傳統的社會習慣的制約，許多人皆無法如意地行動，故落入表與裡這種不自然

「颱風」的逆轉與作家應對的諸形態

然而，文學與政治之基本狀況中尚有一個大的變動。不用說，建設滿州國之後的日本大陸政策的發展與其歷史歸結是日中間全面戰爭的擴大。此時，「國勢」問題再度以大寫之姿出現在文學面前，向外的國家，及其伴隨之向內進展的新體制＝翼贊「運動」，這兩者逼迫文學者選擇去就。颱風的方向逆轉了。轉向作家中之某個群體將過去與作為運動之政治競賽的形象直接移入這新的「政治」中。政治如此前進，文學不可落伍（所謂國策文學和大陸文學的方向）！還有其他群體在民族和天皇的神話中發現過去在「政治優位」中疏遠的非理性，想在總體的理性反面之總體非理性之中，讓文學的自我燃燒。

舊普羅文學者中之文學的內面化和個體化

在這些舊普羅作家的動向中最受注目的是，雖一邊在漸漸退縮，一邊好不容易守住普羅文學中培育之藝術良心燈火，依然喋喋不休前進的一群人的「邏輯」。例的二元行動中。有人說：『阻塞的水溝臭得受不了，必須沖走，不然的話，新的水不會流』。這句話非常清楚地表達了我們的心情」（田山花袋〈夜座〉）。這句話非常清楚地顯現他們的動機。以**體制的安定**為背景，第二代青年的自我主張就如石川啄木所敏銳指出的，只有「不去討論國家」，「國家必定要強大，我們沒有可阻止的任何理由。但也請不要找我們幫忙」。這是基於一種「與強權的存在不交涉」的邏輯。因此，不可忽視的矛盾是，漠然對權威的反抗傾向從「對我們而言，國家當成為怨敵的機會」減退或消滅後**才**產生的。白樺派的「反世間主義」「反權威主義」正是在這一路線上發展的。志賀直哉和長與善郎對待明治天皇的死和乃木希典的殉死之態度與漱石和鷗外的態度有很大的差異。總而言之，這和白樺派自我中之規範意識的薄弱有關，武者小路實篤說「**沒有**權威的國家才有趣」，讚美年輕的日本，「你是個人主義嗎？」「啊，某種意義」是「世界主義者嗎？」「啊，某種意義」是「社會主義嗎？」「啊，某種意義」是「國家主義嗎？」「啊，某種意義」（〈**好啊**，就某種意義來說（いいや、ある意味で）〉，《白樺》明治四十四年七月）。像這樣，對於「國家主義」再加上『某種意義』的限定後加以否定，也是因明治國家形象變差為背景的。對於國家之「無視」和「輕蔑」不可混同於對明治國家的批判態度。剛才我所說的第一次世界大戰後的「颱風」把非家和世間之延長的「Gesellschaft」社會意識推廣到文學世界，但在那時，應是最尖銳地與國家權力對決的普羅文學作品中，「國家與個人」的形象並未在轉向時代之前產生，這使得在普羅文學中，我們看到的是，「作為機構的政治」和「作為社會運動的政治」對立，且那時國家權力次元主要被表象為**社會**階級諸關係的表現，故可謂是在「社會」對「社會」的狀況中被理解的（一般而言，這可追溯到沒有去探究馬克思主義國家論中之權力本身的動態這個問題）。

不管如何，到二戰前夕為止，日本天皇制並不表現為**日常**中會出現的露骨的權力統治，其特徵是作為一種社會氣氛而有看不見的強制力，故**個人**只有在軍隊、警察、監獄那樣本來就是暴力機構的地方會感到赤裸裸的國家權力性。就此意義而言，例如：有島武郎在一年後回想在最初進入軍隊的日子，他說：「我們自今天起進入與自由切斷的牢獄中，不得不把不事生產的汗滴在手腕和腳上。……這是對國家的義務嗎？什麼是國家？對國家的義務是什麼？……」「人與人相爭，世責之」「公司和公司相爭，世責之。國家與國家相爭，世謹守沉默。在何種權威國家能如此？退去，惡魔！輕蔑人子者！而對國家之義務謂為此國家所命之事。換言之，謂為『無』所命之事。我成為『無』所命之大日本帝國名譽二等兵」（〈觀想錄〉，《有島全集》十一）。這一段提供我們比較有島武郎在其後走過的道路與其他白樺派差異的線索。

如：窪川鶴次郎（一九〇三至一九七四）在昭和十四年時寫下的〈藝術的價值與政治的價值（芸術的価値と政治的価値）〉（《現代文學論》中央公論社）中，他一邊回顧正好在十年前發生的與平林初之輔同樣主題的論爭，一邊說：「過去在普羅文學的敗退期中，政治或文學被視為問題討論的是，參與文學者在與政治的關係中如何自處，還有如何決定自己對文學的態度等在那個時代中有關個人路徑的問題。就此而言，這不只是與文學動向有關的問題，更有個人內部發生之問題的意義。」但是，今日政治與文學的問題「已到了無須再提出，文學有其政治上之意義，政治有文學上之重大意義的地步」。當然，在這句話中，窪川所說的有重大意義的「政治」意指反向量的政治。對此問題，窪川說：「有一種文學在創造方法上不明確釐清其與政治之不可分關係，當那種文學與政治之關係過從甚密時，我們完全不能期待該文學的藝術價值。因為那時繆斯是沉默的」。他毅然決然地提出面對新「政治價值」的問題，他說：「今日之文學是要順從平林嗎？還是要在哪裡探求正在喪失中的藝術價值據點。」藉由把在經過敗退期中與政治競賽而內面化的普羅文學過程轉化為正面象徵，從新階段中之政治追隨主義中，守住文學自律性的姿勢鮮明地浮出水面。

青野季吉也在〈散文精神之問題（散文精神の問題）〉（昭和十五年）中，對因政治過重而導致文學之自我喪失這種狀況，說：「在今日時代中，我們不知道古來的誤謬會穿什麼衣裳出現」。他引紀德（André Paul Guillaume Gide，一八六九至一九五一）的話來力陳藝術之完全自我充足性。青野總結地說：「我有各種理由相信現在強調這點是如何地重要，能以強調這一點來結束這一篇文章，我偷偷地感到滿足。」這一結論已暗示逆向量的颱風已漸漸形成，在這些作家周邊吹起風來了。像這樣，過去在「日本普羅階級作家同盟（ナルプ）」和「文戰」激烈對立的兩陣營中活下來的作家同樣回歸到文學自律性這一古典立場。

在馬克思主義一般的退潮期中，努力地抓住「第一義之道」的普羅文學家是如何藉由重讀馬克思主義的「邏輯」來抵抗時流的呢？我們再舉昭和十年（一九三六）時中野重治之〈世界觀〉中的解釋為例來說明。他以〈馬克思．恩格斯之藝術論（マルクスエンゲルス芸術論）〉中之解席勒（F・Schiller）誤讀恩格斯這點為線索，對政治立場和世界觀之關係展開極應注意的見解（〈關於F・席勒對於恩格斯的注釋（エンゲルスについてのF・シルレルの註釋について）〉，《中野全集》七）。他說：「所謂世界觀包括想法、生活方式、吃飯方式等全部方式，一方面受到這些全部和各個方式的影響，一方面反過來每個人都讓這些全部變成特定之物。」這是概念式理解時的世界觀，但世界觀本身無法概念地體系化，而是**活生生的工作**。一般而言，無法「藉由理論體系、理論物」來置換世界觀。那不是關於人的思想體系，而是人的階級生活，即關於「政治立場、社會思想、戀愛、結婚觀、習慣、使用錢的方式、娛樂、嗜好等全部」的世界觀是決定好的。若不這樣想的話，則在世界觀及全部藝術活動是反動的，在政治上是進步的情況中，會承認作家作為藝術家是進步的。席勒把巴爾札克（Honoré de Balzac，一七九九至一八五〇）之**世界觀**視為正統王朝派是錯誤的，恩格斯只是說巴爾札克「在政治上曾是正統王朝派」而已。所謂曾是王朝派是巴爾札克的「政治偏見」，而非世界觀。

要解析這位詩人的語言，一如往常，是相當難的。但很明顯地，中野把理論——思想體系——政治立場系列和具體的人的生活全體——他的藝術活動系列對立，把世界觀之為世界觀的原因從前者系列中剝離，而求之於後者。在以藝術為能涵蓋全部人生之物的信念和一**種**反政治的態度（那同時是全政治的態度）中，中野之「世界觀」是一貫於「藝術中無政治價值」以來的立場的。儘管如此，在此依然偷偷地設想好了與理論——思想體系——政治立場的對應關係，而且那些皆與世界觀不同，未經個體化的問題，即以既成品客觀地放置在他面前的教條依然是有所作用的。

向對立物（文學主義）的移行契機

但是為何在關於思想和理論方面，某個人有意識地吸收某種思想乃至理論就直接意謂那是**他的**理論、**他的**思想體系？即使就政治立場來說，他的所有政治行動也未必全被其有意識的政治立場所左右的。毋寧說政治立場和政治**行動**間不斷地有落差，行動會背離意圖的祕密正是「理論」的中心課題，不是嗎？總之，在上文中，中野重治依然繼承方才所說關於政治及理論中之過度理性主義的問題，正因為繼承了，故希望從中救出等同於藝術之物的人性。與此問題相關，我再度想到先前論及的窪川的論文。窪川一邊批判平林的說法，一邊說：「如在藝術中，對現實的具體把握和其形象化……明顯的事實是**一般而言**，這因不斷磨練的努力和豐富經驗得到的能力**比思想的發展更遲**」（前揭），然後他反省不只平林，過去的普羅文學皆有「思想萬能的傾向」。但我們再進一步思考的話，不須「不斷磨練的努力和豐富經驗」而快速發展的「思想」也是比較隨便的思想，不是嗎？進入反動期後，以創作方法問題為線索，希望守護藝術自律性和個體性的這些人依然在意識形態之名下混同了「科學」和「思想」，另一方面，因「科學的方法」主要被理解為涵蓋**既定**法則之物，反而結果使誇稱具統一之世界觀的馬克思主義裂縫破裂得更加明顯。

按如上所論，橫光利一和小林秀雄各自早就追究普羅文學中之一貫盲點，即思想的心理和個體性問題。所以，即使扣除所有外部條件的影響，他們從此裂縫進入，成為文藝復興期的代表意識形態者是有其充分理由的。他們**也**立於科學適用一般的尺度即可，但藝術不行的想法之上。只是因他們激烈地把思想從科學移到藝術方面，而能更鮮明地掛上文學至上主義的旗幟。

三

國際上對於文化危機的應對

我剛才已重複說過幾次了，在文藝復興期中，主要論點之一的科學主義和文學主義問題是，昭和初期開始的政治和文學論的變形。但從我在文章一開始的地方介紹的那種「科學主義」和「文學主義」相好的樣子來說的話，上述論點主要從兩者的反抗和對立面向來理解，故單純化了整個情況。的確不可否定的是，隨著一方面普羅文學，總括而言馬克思主義文化運動中之「政治優位」原則喪失其現實性之後，其中之政治總體主義和與其表裡一致方式內在的科學總體主義在表面上直接與文學對立。但同時還有一個面向必須注意，那就是法西斯國際規模的擴大，特別是隨著納粹的稱霸（一九三三），對於不只是共產主義，連社會民主主義者、自由主義者、天主教徒等受到焚書、沒收財產、放逐國外等極露骨的文化扼殺，因此知識人進行國際性抗議，在各個文化領域進行連帶，欲對抗這一野蠻的暴力。這一世界動向（一九三五年舉行國際作家會議、組成以阿蘭〔Alain，原名為 Emile-Auguste Chartier，一八六八至一九五一〕為會長的反法西斯聯盟等）亦以各種方式反映在陸續受軍部政變計劃威脅的日本知識層（組成「學藝自由同盟」「世界文化」等）。

各文化領域中之「自律性」的摸索

過去這樣的動向主要是以「人民戰線」與其可能性的問題來討論的，若以政治－科學－文學的三角關係來理解這一時期總體精神狀況，且把視角限定在「人民戰線」和以共產黨這一個大的存在為前提的範疇的話，特別是就我國情況而言，是相當狹隘的。例如：在與人民戰線議論不太有緣的學術部門中，對於這樣的情況出現了各種反應。末弘嚴太郎在回顧昭和十年度的法學界時，說道：「不論誰都容易意識到以把法律從政治中獨立出來為最高目標而發達起來的近代法律理論之反動傾向在我國亦漸漸濃厚。近代法學的一般目標是，在政治之上探究統治政治的法律原理。樹立無法以具體政治力量撼動之法律原理，並依之圖政治之安定。這是法學的使命。這是法學者一般的信念，……然伴隨最近各國社會情勢急遽變動，……再度把法律置於政治之下的傾向亦正在世界各地出現。」（末弘嚴太郎編，《法律年鑑》昭和十一年版）不用說，這番話激烈批判納粹中的柯爾羅伊特（Otto Koellreutter，一八八三至一九七二）、施密特等人的市民法治主義乃至規範主義的法律思想。而且，這也是以昭和九年底發生的天皇機關說問題給予法學界深刻打擊為背景而說出的。因為法律解釋學原本的性格及馬克思主義法律理論的貧困，在社會科學諸領域中，離「颱風」的思想影響最遠的學術法學也面臨這新的「政治優位」問題，這才從正面觸碰法律學之自律性問題。

如此一來，雖「自由主義」的生命力在這一時期到處被認為有問題，當然大學的「自由主義者」的動向也具大的思想比重（因為「具戰鬥力的馬克思主義者」幾乎都被逐出大學）。但是若要在這裡談學術界中之諸種科學動向等問題的話，就會沒完沒了。總之，文化危機意識以前所未有的廣大規模在知識人間擴散，在這一氛圍下，科學主義和文學主義成為論點正是問題所在。

政治・科學・文學中的同盟和對抗關係

我們看一下在論文開頭所舉的「文學主義和科學主義」座談會，就可知雖那座談會舉行的動機是，直接因「文學主義者」等人對戶坂潤之挑戰的反應，但參加者的發言中**同時**有著在哲學、科學和文學間探求共同分母，並在其基礎上對政治產生廣泛文化連帶性自覺的動機。這一座談會正位於歷史的轉角處。其後盧溝橋事件爆發，僅半年後，七位出席者中有三位被逮捕，或被奪去寫作的自由。只舉這件事就可知道了。在這之前依然有各種活動的《文學界》本身也在那之後失去平衡，急速滑向那個歷史上有名的「近代的超克」方向去了。當時，「文學主義」和「科學主義」圍繞著政治，真是具有相當微妙的關係！

大森義太郎說：科學的真理是「具體地說，順從含辯證法和形式邏輯方法所進行的思考與其結果」。又，針對形象的問題，他們也進行了討論。他們討論對於日本有窮人的這一科學結論，而主張沒有的這一種文學形象是否有意義的問題。從這一點，我們可以看到出席者用「科學主義」這個語詞所一同表象的依然是馬克思主義的方法，儘管如此，在另一方面，同時青野季吉和岡辻雄對於現在的文學主義也敏銳地指出：「不是單純地以文學視角來看東西，也有政治主義。文學主義的周邊有模模糊糊之物，用繩子串聯起來」。猛烈攻擊「偽科學主義」的小林秀雄也不能否定那種「模模糊糊」。總之，（i）政治加科學對文學的方式、（ii）政治對文學加科學的方式、（iii）政治加文學對科學這三種理解方式不只在座談會，在文藝復興期整個時期皆大為流行。若然，對於所謂「模模糊糊」之逆向量的政治，確保科學和文學連帶性的方向（這並非單純意指哲學者、文學者和社會科學者大家感情融洽地團結在一個群體中，而是以各自方法的差異為前提，擁護在其基底的知性自由和普遍性的道路）在**雙方**皆已失去了，毋寧在彼此相隔之處已確定了太平洋戰爭中「文學主義」的命運，不是嗎？以下，我不一一介紹始於戶坂潤之攻擊的一連串討論，取而代之的是，我擬先只就「科學主義」方面來說明問題的所在。

科學主義的盲點

小林秀雄批判風靡日本思想界的「偽科學主義」是「堆積已學文化的積木，不是真的知識」，又對評論家批評說：「讓科學負所有責任，自己則逃到無責任之處」。若我們把小林的批判理解為在下坡處追打敵人的話，那就不用再追問了，但他果然打到了痛點。所以，「科學主義」這方說：「我們一定要顧慮那樣悲慘的外部條件」（岡邦雄），或主張如過去伽利略的科學在教宗面前受到打壓那樣，在馬克思主義批評的面前，「文學」或是被打壓的，但「那是弊害，不是物的本質」（戶坂潤，〈反動期中的文學與哲學（反動期における文学と哲学）〉）。他們一成不變地一方面以「客觀情勢論」，一方面又以「本質論」來逃避問題，故問題一直都沒有前進。但是若深挖小林所說的「真的科學」具有「人的創造性意欲，或形象之美，或象徵的真實」的問題，即科學中之想像與創造過程的問題，可在更內在的方式來打開與文學關係的方向。若連自然科學的「創造過程是密切與個人情感機制結合」（William S. Beck, *Modern Science and the Nature of Life*, 一九五七）的話，則社會科學就更不用說了。

徹底追求理性的、合法則之物的**根源性**精神能量反而是非理性的。只是把科學世界和藝術世界一方面規定為普遍性、法則性、概念性，另一方面規定為個體性、非理性、直觀性的話，兩者只是互相不理睬就結束了。不是這樣的，毋寧是「享受」神聖不可侵犯的理論體系之精神姿勢在另一個深層之處，因其完美主義會與「感應」神聖不可侵犯之美麗作品的態度正好以正反的關係連結，**總體的**非理性不外乎是總體的理性之雙胞胎（負有彼此相互憎恨的宿命）。但社會科學與文學並不是在這個方向上結合的，三木清恰好在同一時期，在下列一段話指出，彼此應在培育「有彈力的知性」方向中發現共通的課題。他說：「正如哥倫布的蛋中可看到實務者的構想力一樣，有彈力的知性在於能以假設性行動。就這點而言，知性可說是與空想類似的。不，就這點而言，知性必然因空想而得助，反之空想也必因知性而得助。把知性與空想理解為全然相反之物、不相容之物是錯誤的。……有人說日本的小說中缺乏空想，這與日本的小說缺乏知性不無相關，總之，我們並不十分理解

假設性思考的方法」（《文藝》昭和十二年七月）。但在當時的社會科學及包括自然科學領域中，這種體制、態勢幾乎尚未準備好。在馬克思主義之中，理論和意識形態曖昧地混在一起而被「統一」，而「布爾喬亞」科學反而否定所有意識形態的制約，拚命地以方法論的自慰來確保「自律性」。

總體主義遺產的否定性繼承

那麼，「文學主義者」的問題在哪裡呢？他們因對「政治主義」＝意識形態主義的反政治態度，各自經過哪種思想過程而被別的「大政治」所吞沒了呢？當然這是必須針對各個個人來詳細檢討的問題，我們不應把日本這種「文學主義者」的軌跡單純化，全部視為是在馬克思主義之政治的及科學的總體主義關聯中決定的。然而，我們越是去檢視他們的理論或歷史或概念的範疇之反應形態，越驚訝於連他們**也**受到方才所說是**日本**馬克思主義之思想史角色制約，其程度之大令人驚訝。

不用說，在歐洲近代思想史中，代表體系和概念組織和「歷史中之理性」的人是黑格爾。馬克思和齊克果（Søren Aabye Kierkegaard，一八一三至一八五五）的工作正是破壞這典型的「體系」之物神崇拜性。寫下《資本論》的馬克思一次都沒有使用過辯證法的唯物論這個語詞，他未把這一名下的理論體系付之成書是偶然的其他事情所導致的嗎？但在日本不是黑格爾，正是馬克思才是代表體系和概念組織的。故小林秀雄才一方面以「意匠」武裝，與作為「思想的制度」的馬克思主義激烈敵對，另一方面對於在採取貨幣形態之前的馬克思和恩格斯的個性的思想和「文體」感到佩服。而且，他在極度厭惡成為語詞的辯證法的反面，對於難以形容之究極之物變得啞口無言時，結果出現的矛盾是，他也承認辯證法。在歐洲，所謂歷史主義的思想是對直接以絕對精神的自我實現（發展）來理解歷史的泛理性主義的反動而產生的，所有的時代各自與神連接（蘭克〔Leopold von Ranke，一七九五至一八八六〕）的主張反過來是以絕對化歷史個性為其特徵的。

「意匠」剝離後出現之物

但在日本，說到歷史的看法和歷史意識時，依然以把黑格爾的絕對精神替換為物質的生產力，「理性的狡智」替換為階級鬥爭邏輯的馬克思歷史觀為代表。所以，小林認為**那種**歷史意識中有「反歷史」的態度，說：「我以前就覺得從歷史的新看法或新解釋這種思想實際逃離是很困難的。那種思想以具有乍看下有魅力的各種方法（意匠！）向我襲來。另一方面，歷史這種東西越看越覺得難以撼動。不是新解釋可以撼動的」（〈無常這種事（無常といふ事）〉，《文學界》昭和十七年六月）。他發現了歷史個體性的「理念」。不是在思想**內容**之上，是在要打倒「體系」這種充滿緊張感的姿勢上，或許我們可說小林秀雄一身兼有馬克思、齊克果和蘭克。對他來說，以馬克思主義這種「具邏輯結構的思想」，及那所教的**抽象**「社會」觀念來作為觸發個性的摩擦體，是必要的。當然，隨著馬克思主義運動走下坡，那種作為鍛鍊自我之物的思想抽象性漸漸得到評價。但全部皆與歐洲的情況有所差異。並不是有差異就不好。問題是那種差異會導致什麼東西出現。在無普遍者的國度中，把普遍的「意匠」一個一個剝離後，在他面前出現的是「解釋」和「意見」也難以撼動的事實之絕對性（那只有物行之道——本居宣長）。小林強烈的個性也只能在這事實（物）之前沉默低頭而已。

「一切皆可疑。即使在這時，為何一副對可疑的概念碎片、意識形態的碎屑似相信又不相信的樣子。懷疑一切可疑之物吧！能看到愚弄人類精神的各種赤裸裸之物的行動吧！能見到你那像性慾般無可懷疑的自我即愛國心吧！只有這兩者會留下。必須從那裡出發時，這可謂是非常時期」（〈關於神風這一語詞（神風といふ言葉について）〉昭和十四年）。而且，對小林而言，文學＝思想、現實＝政治，兩者的通道因否定思想的溝通（貨幣形態性）而完全被遮斷，故「文學是為和平而有的，非為戰爭」這個命題，及「在戰爭中，只能有一種態度。必須戰勝」（皆出自〈關於戰爭（戦争について）〉，《改造》昭和十二年十一月）這個命題能無矛盾地共存。非常時期之所以為非常時期正是因**例外狀態**，即不管何種一般理論皆不妥當的狀態。「對現今的我們而言，支那事變是**全新性質**的事件，這是無可懷疑的。」「我常常以沒有抱怨也沒有批評的聲音聽到，現今沒有指導理論。所謂指導理論究竟意味著什麼？那是指先有理論，且事情無誤地按理論發展的話，絕不會覺得失敗吧。那是在說這種理論吧。若是這樣的話，我們不是早已知道沒有那種理論了嗎？若有的話，**不就沒有非常時期了**，不是嗎？只是平常時期，不是嗎？」（〈事變的新（事変の新しさ）〉昭和十五年）。在這一段文字中，明顯地出現決斷主義，全然否定過去馬克思主義的完全理論主義。只是在把窮途末路的決斷原理化之時，他不是走向施密特，而是走到「葉隱」和宮本武藏的世界。

結論

在登載「文學主義和科學主義（文學主義と科學主義）」座談會的同一號中的《文學界》，也翻譯刊載了H・G威爾斯以新世界百科全書構想論說知性世界的合作一文。這在今日看來實在是諷刺的對照。威爾斯的百科全書是在世界中之學者和作家、記者的幫助下蒐集事實和報導的同時，調整、裁斷所有意見的差異之機關——「清算誤解的票據交換所！」。他質問若世界之「精神不合一」，則如何克服現代的混亂？他說：「兩個人在一起的話，想法不會一樣，每個人的想法都不同，科學總是充滿矛盾的，神學者和經濟學者不管如何也是意見不合的」。他斷定到處充滿這種想法是「因許多人都採取防禦立場的懶惰精神而來的」。學者和神學者總是要求完美真理與精確無比的表現，故強調相異點。少有人注意到，這是過於相信外觀上的差異，明明其實想積極表達同樣的想法，但卻在語言上彼此針鋒相對。威爾斯所要提倡的是，讓我們更站在人類共通精神、普遍知性的基礎上來設置教育和報導的普遍性組織。他不是要抹殺知性上的個性差異，反而是要確認差異，同時組合以樹立全面的世界概念。從他身上，我們看到在二十世紀現實當中一位具有「十八世紀的」啟蒙精神不退卻的思想家身影。當然，威爾斯十分清楚理解這被認為是種烏托邦，對於這樣的批評，他昂然反問——在三十年前，飛機不也是烏托邦嗎！

這是真正的基進主義。因為基進主義的本質如某位思想史家所言，不是在於那是種暴力的預言者，是「不把人視為歷史命運的道具，而是社會自由的創造者」，即在於「人能有按希望來處理自己和自己所處社會之能力那種觀念」（Judith N. Shklar, *After Utopia, The Decline of Political Faith*, 一九五七）。

第三部 ● 關於思想的應有方式

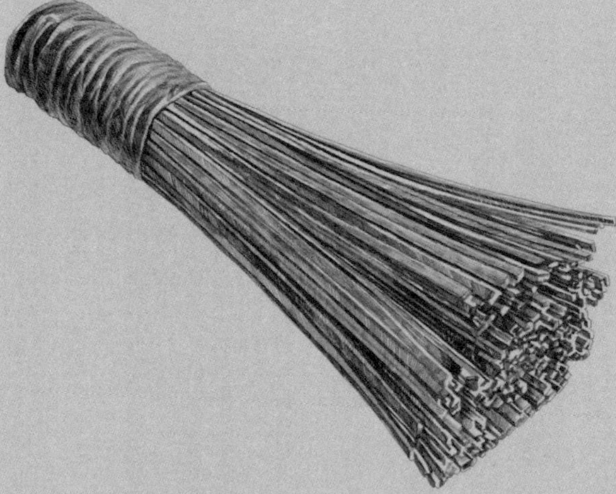

人是據形象來判斷事物的

剛才主持人加了幾句有趣的注釋來介紹我，雖然我並沒有立下什麼不演講的原則，但大家似乎都如此認為了。大家都如此認為的這個情況也和我今天要講的話有些關係。實在有些不好意思，以我自己為例來說明。主持人雖然沒有和我確認過，但卻認為那個男人似乎是不願意演講的，或認為那個男人是不會上廣播節目的。總之，不管如何，因為這樣的風評，在不知覺間，我這個人也就有了一個既定的形象。像這樣，在並未和本人確認他是否果真就是這種男人的情況下，就根據其形象來對某人做出各種評論的事實在非常多。像現代這樣，通訊手段非常發達，像這種在不知覺形成、擴張的形象會離開**真實**，而繼續擴張。我們只要想想便可發現其他更多更顯著的例子。

簡單地說，我想我們所創造出來的各種形象是，人為適應環境所做出來的一種潤滑油。也就是說，我們為了不讓自己在環境中受到過度刺激的衝擊，會**事先**對每個人或集團、某種制度、某個民族創造出各種形象，並據之思考和行動。因為那種形象是我們對於他人或非人格組織的運作方式期待和預測之**基礎**，故沒有持續到某種程度的話，就沒有形象的意義了。因為持續，形象才能發揮其功能，故若形象太偏離真實，差異太大的話，就會喪失潤滑油的功能。總之，若因某種機會遇到「意外」的行動或預料外的事情時，就有必要重建對於那個人和**物**的形象。我們就是像這樣修正或再修正形象的過程中適應轉變中的環境的。

然而，像現代這樣，隨著進入我們日常世界視野的世界範圍日漸擴大，我們的環境越來越多樣化，我們不得不對那麼多無法直接觸及的問題有所判斷，對無直接接觸的人們和集團的運作方式和行動樣式有所預測和期待，並且行動。總之，我們是這般如此依賴著形象而行動的。而且，像現在這樣，隨著我們周遭環境越來越複雜，越來越多樣化，越來越擴張到世界，我們便無法以自己的感覺來確認形象和現實的差距和相符程度等。也就是說，現在的情況是，我們每天以無法和原物比較的方式，只依賴形象行動和發言。換言之，隨著我們必須適應的環境日益複雜，橫在我們和現實環境間的形象層會變厚。原本的潤滑油會漸固體化而形成厚厚的牆壁。

形象創造出新現實

我們在日常的討論中，容易說出美國的做法或蘇聯的態度等的話，因為那是以我們心中某種一定的美國像和蘇聯像為前提所提出的。我們幾乎沒有時間和機會去確認那種形象究竟與真實的美國和蘇聯有多符合、或有多少差距。形象越大越容易發生這樣的情況。但不只是對於國家，我們對於人，例如對艾森豪（Dwight David Eisenhower，一八九〇至一九六九）這個人、赫魯雪夫（Nikita Sergeyevich Khrushchev，一八九四至一九七一）這個人、或尼赫魯（Jawaharlal Nehru，一八八九至一九六四）這個人、或岸（岸信介，一八九六至一九八七）這個人，都會形成一種形象。或舉更小的例子來說，當我們說大概京都人……、或東京人……這種話時，就以關於東京人和京都人的某種形象為基礎。其次，當我談和平運動時，保守派會以保守派的方式，雜誌會以雜誌的方式，以原來是那種和平運動的方式，而對和平運動有一定的形象。有時那種形象非常好，有時則不佳。總之，在**現實的**和平運動和我們之間存在著**關於**和平運動的厚厚一層形象。

像這樣，隨著形象層越來越厚，那會形成與本來的現實不同的獨自性存在，也就是說，形成和原物有所區別的無數形象或者與真實之物不同的**形變怪物**。如此一來，我想我們或可說是活在無數怪物獨自行走的世界中。而且，現在，我雖說真實之物與形變怪物，或許多人對於某個對象有共通的印象，如美國就是這樣的國家，或蘇聯就是這樣的國家這種漠然的尚未經過體系性反省的形象，若該共通的形象不斷地擴張，則那形變的怪物會變得比原本的真實之物更具現實性。總之，因為我們無法感知、確認真實之物其整體的樣貌，現實上許多人只能依靠形象來判斷、行動。儘管那實際上是幻想、錯誤的，與原物有相當大差異的，那形象依然會創造出新現實——會發生幻想比現實更具現實意義這樣的矛盾事態。

新型的自我疏離

思想史上這樣的例子不少。馬克思說過：「我不是馬克思主義者」。這是非常有名的一句話。連像馬克思這樣有非常多著作，以極體系性方式展開自己思想的學者都對於馬克思主義或馬克思主義者離開原物自立發展的情況沒有任何辦法。所以，他才嘆息說我不是馬克思主義者。更不用說像現代這樣，我們身處於一個訊息發展的時代，大小無數的原物終究無法阻止自己的形象離開自己獨走，比原物更具現實性的幻想。甚至有時候因為自己會放棄原本的樣子或因為改變比較好，所以自己的言行會去迎合**關於**自己的形象。像這樣，越來越弄不清楚到底何為真實、何為形變之物。我們可以說，現代社會出現了一種新型的自我疏離。這是一種世界趨勢，但在日本似乎有特別允許這種形變之物橫行的情況。我覺得我們日本社會有讓存在自己與環境之間的形象之牆加厚的傾向。

竹刷子型和章魚罈型

為了進一步思考這個問題，我想換一下話題，想用一種非常圖像化的方式來表現日本的社會與文化。我暫且把社會與文化分為兩種型來說明。第一種型我用比較有趣的比喻來說，稱之為**竹刷子型**，另一種則稱之為**章魚罈型**。我想你們都知道，所謂的竹刷子就是竹的前端切細的一種道具。在手握的部分是未切細、分化的，但其前端則像手指一樣分出去。我用竹刷子型來理解這種社會與文化。所謂章魚罈型則是各個章魚罈並列在一起的社會與文化類型。近代日本的學問或分化或各種社會組織形態是章魚罈型而非竹刷子型。我想我剛才所說的形象問題對於這種分類方式發生很大的作用。

例如，就學問的問題來說，這是大家熟知的事情，所以我就不再詳述，只大略說一下。歐洲的近代科學是在十九世紀後半大量被輸入到日本，那時剛好也是歐洲在社會組織上或文化形態上的專門化現象，即分工和職業技能分化急速進展的時代。例如，以社會科學為例來說，十九世紀前半的學問形態大不同於後半的學問形態。例如，我們舉黑格爾、施泰因、馬克思或邊沁（Jeremy Bentham，一七四八至一八三二）、孔德等學者就知道，從法律學或經濟學或社會學等等個別科學分類來說，不知如何分類、非常概括性的綜合學問體系陸續被創造出來。

但是，這樣的情況在十九世紀後半就產生急遽的變化。the social science 崩解成各種social sciences。如你們知道的，僅有史賓塞自己在社會學上再冠上「綜合的」這一形容詞，這說明了史賓塞孤軍奮鬥的姿態。密爾（John Stuart Mill，一八〇六至一八七三）和史賓塞正是站在分水嶺上的學者。我認為在學問上非常具象徵意義地顯示這一變化的是，形式社會學的成立。也就是說，個別科學非常發達，法律、政治、經濟、心理等學問領域的專門化、獨立化快速展開。

到現在為止，「社會學」如其字面所示，以研究、探討非常綜合性的運動法則、發展法則為目的，但隨著個別科學的發展，其所討論的變成社會學獨自的對象為何這種問題。在其中，有所謂的形式社會學。不同於其他如法律學、經濟學等個別科學各自以社會的內容為問題，形式社會學主張社會學把人際關係理解為**形式**為其特點。例如，關於人際關係，他們會討論以競爭關係結合的情況與以鬥爭關係結合的情況有何差異這種問題。在這樣的問題意識下，他們會捨去經濟市場的自由競爭或為社會位階晉升的競爭這類實際競爭樣態之事，只討論純粹競爭這種人際關係的形式特色。他們之中會有人覺得這種討論中就有社會學的任務和獨自性。姑且不論這種立場是好是壞，之所以會有這種想法出現，反映了學問在十九世紀後半急速個別化且專門化這個問題。

因此，我常開玩笑說，日本明治以後的內務省的命運有如近代社會學的命運。也就是說，在大久保利通擔任內務卿時的內務實包括國內幾乎所有領域的工作。但之後，隨著日本資本主義的發展，國家功能開始複雜化，例如鐵路、通信、商工、農林等各個部門開始專門化，成立各種省廳，各自成為獨立省所管轄的業務。如此一來，我們所說的內務省的「內」的內容就漸縮小、變得貧乏。到最後，屬內務管轄，所謂內務的工作就是警察。內務的主要任務到最後留下來的是警察，即社會的交通整理。這雖然是有些奇怪的比喻，但我想這與十九世紀社會學的命運實有些相似。

近代日本接受學問的方式

雖然這是題外話，日本在接受歐洲學問之時，正好是學問的專門化、個別化已非常明顯的階段。因此，在大學制度等方面，這種學問的細分、專門化形態也理所當然地被接受。但是，在歐洲這些個別科學的根皆是共通的。也就是說，他們共有希臘—中世—文藝復興這一長期共通文化傳統的根，而在末端多元分化。這就是我在之前所說的竹刷子型。竹刷子上端的個別化形態移植到日本，而成為大學等的學部和學科分類。以非常類型化的方式說的話，這種技術化、專門化的學科從一開始就被認為是學院中之學問的存在樣態。剛好開國的時期是十九世紀後半之後，這種學問形態也適合在意識形態上接受和魂洋才或東洋道德、西洋技術這種二分法的明治國家體制。這個姑且不論，也因為這樣，所以近代學問就以非常個別化、專門化形態進入日本，所謂的學者就成為此一意義下的專家、個別化學問的研究者。至少在學界，這已被視為一個理所當然的前提。總之，從一開始學者就與在歐洲學問根柢，支持著學問的思想或文化切割開來，被放入獨立分化且技術化的學問範疇中。所以，包括大學教授在內，學者並沒有因相互共通的文化和智識而結合在一起。若往下挖各個科學的話，我們碰不到共通的根部，各個學科皆成章魚罈。這一點，只要看看我們學院的學問存在方式就容易明白。

自然科學者和社會科學者之間，非常缺乏我們本質上是在做同樣工作並擁有同樣任務的連帶意識。不僅如此，連大學和學界中之哲學和社會科學間也幾乎沒有內部的交流。本來哲學負有把諸種科學相關聯化，並成為諸種科學之基礎的任務。然而，在近代日本，至少在學界，哲學本身已專門化、章魚罈化。哲學本身專門化這件事，就某種意義來說是矛盾的，但事實就是如此。哲學者無知於社會科學，社會科學者則認為哲學家所做的事與自己的工作完全無關。例如，黑格爾哲學在法律學方面、歷史學方面、社會學方面有非常大的影響，是社會科學的基礎。但與之相較，若以西田哲學這一日本最具獨創性的哲學為社會科學各個領域的基礎原理，則能有多少的有效性呢？現在的情況是，社會科學彼此之間，就連如法律學、政治學、經濟學這種本來密切相關的學問領域間也不太溝通。文學領域和社會科學領域之間則更不用說，彼此的疏離則更遠了。現在，文學者和社會科學者很難用共通的語言來說話。若我們不拿下社會科學者或文學者的看板，一起喝一杯的話，很難彼此溝通。社會科學者和文學者在學問上，各自以自己認為的共通問題來對談的話，其間的共通語彙是非常貧乏的。

無共通基礎的論爭

如各位所知，最近文學者和社會科學者或歷史學者之間，針對昭和史的問題，進行各種論爭。至於他們的論爭內容方面，例如他們會對這本書中是否書寫著歷史這個問題進行論爭。對於這個問題，文學者的理解非常不同於社會科學者的理解。因為兩者對於是否書寫著歷史這個問題的意義沒有一致的瞭解，故是種無共通基礎的論爭。暫且不論表面上的情況如何，會在彼此真正的想法無法溝通的狀況下結束的。

再說一個更極端的例子，這是發生在三、四年前的事，某知名文學者和另一位也非常著名的社會科學者間，進行了一場和平論爭。那時，該文學者說了那位社會科學者頭腦很差這類意思的話。然而，不問是否贊成其學說，那位社會科學者在過去有非常好的業績，在社會科學者間，雖有人批評其行動，或有人批判其學說，但沒有人會批判他的頭腦差。那是不可想像的。但那位文學者竟然批評他的頭腦差。頭腦的好壞是個非常素樸、容易理解的事，文學者認為頭腦好時所說的「頭腦」，和社會科學者認為頭腦好時所說的「頭腦」不一定一樣。但沒有想到這種問題會在論爭中出現。我想沒有比這個例子更能以具象徵性方式，極端地顯示出日本的知識人間沒有共通語言和共通基準。

不知道是去年還是前年發生的事，有一件叫自由論爭的事[1]。這件事情最重要的起因是，石川達三（一九〇五至一九八五）先生批評日本知識精英愛談自由，但他們所追求的自由，結果不過是在酒吧和居酒屋抱怨的自由。即只以從何而來的自由為問題，而不太問去做何事的自由，相較之，蘇聯和中國所談的自由主要都是後者這類意義的自由。總之，他批評日本知識人只想要抱怨的自由，以此方式來判斷中

1　譯者注：對於這一論爭，當時臺灣也有介紹。黃得時，〈石川達三的自由論〉，《聯合報．聯合副刊》，一九七六年四月二十一日。

國和蘇聯，故被攻擊。但在另一方面，在報紙的匿名欄等地方，也常有各種「知識人是」或「日本的知識人是」這類說法，他們攻擊日本的知識人。然而，我再怎樣看都覺得在這種報紙匿名欄中受到攻擊的知識人或精英文化人和石川先生攻擊的日本知識人是不同的一群人。因為攻擊的論據正相反。即一方是責罵日本的知識人只在居酒屋抱怨，而逃避面對天下國家的問題。另一方則批判日本的知識人不管何時都歸咎於天下國家的問題，連和政治無關的事都認為是政治的錯。如此一來，被攻擊的日本知識人也不得不感到困惑。

總之，石川先生所談事情中之知識人的形象和報紙匿名批評家所說的「本來知識人就是」這種話語中所指的知識人之形象全然不同。也就是說，知識人的形象是因人而異的。他們攻擊知識人時，將在日常生活中自己周遭所見**礙眼的**知識人行動普遍化為「日本知識人是」這類的話語，以進行批判。因此在這種情況下進行攻擊的那個當事人絕不包括在知識人或文化人的範疇中。這不也反映了日本是章魚罈型社會，不存在共通文化所聯結而成的知識人層。

近代組織的章魚罈化

而且，這種知識人不是成立於智識這共通基礎上，因此知識人這種等質功能所聯結的社會層本來就不存在。這不僅和文學、社會科學、自然科學各自的情況有關，也導致文學者、社會科學者、自然科學者各自形成一種同伴集團，各自的同伴集團則變成一個一個章魚罈。隨著近代公民社會的發達，功能集團多元分化。這自然是一個世界性的趨勢。在美國、歐洲也一樣，他們從各種角度談論我先前所說的學問和組織過度專門化的問題，及過度個別分化、過度專門化這個問題所產生的弊害。

但與之相較，日本是有其特殊性的。在歐洲即使發生功能集團多元分化的問題，但他們在另一個方面存在著與之不同 dimension、次元的聯結人與人之傳統集團和組織。例如教會、或俱樂部或沙龍等在傳統上皆有很大的力量來把不同職業集團的人們橫向地連結在一起，形成彼此間的溝通管道。然而，日本缺乏教會或沙龍這種功能的社會集團，因此民間自主的溝通管道相當貧乏。明治以後，隨著近代化的進行，取代同業公會、「講」、會（「寄合」）等封建時代傳統組織的近代功能集團雖然開始發達，但這種組織體不管是公司、或官廳、教育機關、產業公會，雖有程度之差，皆有形成一個閉鎖的章魚罈傾向。也就是說，巨大的組織體變成如過去的藩那樣各自割據。有文科、理科等各種學部的大學叫作綜合大學，但綜合這個字實在令人覺得諷刺，因為實際上一點也不綜合。只不過把法學、經濟等各種學部集中在一個地理上接近的區域，各學科的教室和研究室因地理上的接近，故稱之為綜合大學罷了。即沒有給予學生綜合的教養，各學部間之共同研究也沒有經常進行，組織化為一個機構。只是一個經營體，在大學行政面上組織化而已。其實際狀態離university本來意義甚遠。

組織中行話的發生和偏見的沉澱

各個組織體皆章魚罈化的結果是，其組織體會吞沒其所屬的全部成員。因為成員全部被包括其中，故很難從下自主產生彼此間共通的語言、共通的判斷基準。不只是政治和經濟組織，連藝術領域也有文壇或樂壇、畫壇等的「壇」。又，其中形成的各種社團或某某會等有不斷章魚罈化的傾向，故自然發生只有所屬成員間通用的語言和形象。在我國這種組織或集團的章魚罈化常被以封建的或家族主義等語言形容。然而，與其說我們純粹地發現其中的家族主義或封建的等前近代因素，我認為更要理解為實際上近代社會中之組織的功能分化同時也章魚罈化，導致近代和前近代矛盾地結合的情況。

這個問題暫且不論，各個集團皆把其成員收為一體照顧的結果是，差別化組織內外，即區別組織內部和外部。然而，章魚罈化的情況是會無限細分化的。因之，內外之別也會無限細分化。例如學界和雜誌界各自章魚罈化而對立，彼此語言不通。但拿雜誌界來說的話，其中又分為大報紙、週刊誌、綜合雜誌等種類，依然各自章魚罈化。中央的大報紙中，各自的報社也似乎有一種非常封閉的團體精神。在明治和大正時代，新聞記者從一個報社換工作到另一報社是極普通的事。報社組織越近代化、巨大化，反而將所有成員收為一體照顧，以致缺少社會性流動。這一點實在是非常適切地說明了日本之「近代」的特質。例如諸位新聞記者常會說我們公司是這樣做的等等的話。這種我們公司是這樣做的這種話非常具象徵性。

如此一來，不管是公司或大學、公會，當然會發生只有同事才通用的價值基準和語言，所以會出現集團內部的行話。該集團內部才通用的想法、感覺發生後，且會漸漸沉澱。也就是說，相對於外部，內部通用的瞭解事項會沉澱到該集團的下層，同事彼此間視之為理所當然不用再討論的事情會越來越多。Take for granted 這種，即視之為理所當然，不用再說就應理解的事情沉澱到集團意識的下層，形成非常厚的一層，故他們認為要處理的問題是在這些被視為理所當然之事之後的部分。總之，各種組織的集團都有像這樣沉澱下來的思考樣式，從而組織的偏見皆難以清除地附著於組織中。

國內的鎖國和國際的開國

柏格森（Henri-Louis Bergson，一八五九至一九四一）或波普爾（Karl Raimund

Popper，一九〇二至一九九四）等學者皆區別開放社會和封閉社會。我想我所說的組織的章魚罈化也可替換為closed society這個語詞來形容，只是關於日本的情況，我們必須注意的是，現在日本整體不必然是一個closed society。反而，我們可說日本全體向世界開放。日本國內的集團雖章魚罈化，但各個章魚罈化的集團又向外對國際開放。總之，日本自身像是個closed society一樣，無橫向等質的溝通，反而各個集團以各自的管道和外部的國際管道連結。這是一種非常奇妙的情況。從這點來看，當然所謂national interest在國民間無法連結為一個明顯的形象。我們看政界、財界、文化界，都可看到各個集團間彼此沒有溝通，反而以各自管道進行國際交流的情況。我想現在這種奇妙的事態正在發生。不是嗎？

被害者意識的氾濫

而且，像這樣個別集團章魚罈化，且隨著我們的溝通範圍越來越擴大，即社會漸漸變成一個大社會，我們越容易看到各自所屬集團彼此間之形象相互碰撞的情況。而且，自己所屬集團會隨著社會的龐大化，其實質上所有的勢力也會增大，但在該集團自己的眼中卻會覺得自己非常小。所以，也就會發生各自的集團把自己視為少數群體的現象。總之，各自的集團皆有其少數者意識（用一種比較誇張的說法即是強迫觀念），各個集團、特別是集團領導人，皆各自有自己被與自己敵對的壓倒性勢力包圍的那種被害者意識。

數年前有一個有名的話題，吉田先生（吉田茂——譯者）罵主張全面講和的著名學者曲學阿世。對非常瞭解這位成為被攻擊對象的學者之人來說，這實在是一個非常愚蠢的標籤，若我們去看那位學者在二戰中或之前的言論和行動便可知，他明顯遠不是那種曲學阿世之人。儘管如此，我們可以想像吉田先生是非常認真地認為那位學者是個曲學阿世之徒。事實上，不僅是吉田先生，有不少被認為是所謂日本的老自由主義者的人們都暗中或公然地贊成吉田的話，給予喝采。若我們來想一想這些人對於現代日本的形象，我想他們大概認為自己在日本受到有巨大力量的進步勢力所包圍，現在正在抵抗滔滔俗論，守著暴風中的燈火吧。然而，若從相反立場來看的話，事態即全然不同。像那些人的基本想法或支持勢力是具壓倒性勢力的，又至少即使他們現在沒有得到多數國民以積極意見支持，也是有多數國民消極同調的支持，故方才能如此主張的。因此，雖所謂進步派的論調在一二綜合雜誌具優勢，但現實日本的步調大體上是朝與之相反的方向走過來的。他們根本不是抵抗俗論的少數者，而是盤坐在國民意識之上，在多數者之上的。

像這樣連保守勢力都有被害者意識，進步的文化人則更不用說了，他們也有做為少數者的被害者意識。不管是保守勢力或進步勢力、自由主義者或民主社會主義者或共產主義者在其精神的深處皆有少數者意識或被害者意識。因此，他們對全體情況的視野才會有所差異。我們常說大眾媒體是萬能的。如後述，在日本大眾媒體的一體化作用的確特別強大，但若與各個新聞人見面的話，會發現他們一定不會有大眾媒介萬能的意識，反而一般而言對於新聞批判非常地神經質、神經過敏。對於新聞的攻擊、批判非常多，他們也會覺得自己是被包圍著的感覺。

官僚乃執日本之牛耳者。這是許多人的常識。在高中、大學時期的友人中，當然有許多都成為官員。參加同學會時，會發現局長和部長級的官員依然也有被害者意識。從外部的社會來看的話，官僚在現在握有非常大的權力，但官員當事人則令人驚訝地沒有自己是統治者、權力者的意識。反而，他們認真地認為官員常受各方攻擊，與政黨幹部有小衝突，報紙也視之為敵，是非常不划算的工作。從這些官員的角度看來，大報紙中所謂的「輿論」皆是與自己的立場敵對的，故有非常焦躁、孤立的感覺或有所憤怨。他們有自己的立場和說法一向都不被採用，不使之通用的孤立感。如此一來，就變成國中都是被害者，沒有加害者的奇妙情況。現在的問題不是這種意識在何種程度可說是種幻覺。我現在想說的是，自己對於世間的期待與通過大眾媒體傳達之事混在一起，產生其他勢力或集團的形象，這從四面八方把人包圍進去，而且人際關係是章魚罈型的，其間沒有自主的溝通，所以才產生上述的事態。

戰後大眾傳播的角色

極粗略地說，在戰前的日本，把這種各種章魚罈化的組織體串聯並確保其國民意識之統一的是天皇制，特別是通過義務教育和軍隊教育所注入的「臣民」意識。這種連結在戰後就崩解了，只有大眾媒介具壓倒性氣力能製作出共通語言、共通文化等要素。因為各個集團和組織越章魚罈化，章魚罈間相互的溝通就越少，所以連結章魚罈間可見的唯一溝通管道就是所謂大眾傳播。

人們經常談論大眾傳播對於思想齊一化的作用等問題，但日本的大眾傳播結構則有些複雜，即存在大眾傳播核心中之 discommunication，即無溝通的矛盾結構。大眾傳播一方面擁有巨大力量，同時各自的集合體有各自的語言，其間自主的溝通甚貧乏，因此這種 discommunication 和大眾傳播並不矛盾，結果是兩者同時互為因果、彼此強化。我剛才說大眾傳播可在各個章魚罈間幫忙連結，但那也只是在章魚罈**之間**作用而已，不太有滲透到章魚罈**中**，打破彼此語言封閉性的功能。大眾傳播本來就是向孤立的個人、被動姿勢的個人發信的，本來就缺乏打開組織體和組織體間語言不通現象的能力。

總之，因為這樣，一方面大家因語言不通而想要有共通的廣場，另一方面大眾傳播體對於思考和感情、興趣之驚人的齊一化、平均化也在進行中。不管民間的廣播電臺再增加多少個，其放送內容也大概一樣。調到某特定時間時，不論哪一臺，皆在放送歌謠曲和浪花節。關於電臺和報紙缺乏個性這一點，比起被認為是典型大眾社會的美國，日本的情況是遠為嚴重的。例如在美國的話，大眾傳播媒體中有的地方色彩強烈，然後教會和其他壓力團體有其有力的機關報和放送網，反而具在某種程度上制止典型的大眾化、齊一化的要素。在報紙和電臺高度獨占化的日本，其防止齊一化的障礙少，在組織內部各自「私有」的行話和在社會使用的「公用語」一起廣為通用。

組織力量這種通用觀念的盲點

為什麼我今天要講這些話呢？我想我們與環境之間有一個巨大的形象層，而且日本所有的集團，不管是共同體或近代的集團，所有的集團皆章魚罈化了。我想我們必須在這些現實基礎上出發來從事各種思考和展開各種行動。這從各種意義上來說，都是重要的，但卻常被忘記。所以，我今日才講了這些話的。例如舉政治問題為例來說，進步陣營非常強調組織，認為一定要強化組織。即他們常說現代只有組織有力量，未能成功組織的話，就沒有力量。我想原則上這樣想並沒有錯，但若我們直接機械式地將這種想法適用於章魚罈社會的話，會如何呢？

第一，他們大概容易有只有該組織中通用的行話和對外部情況的形象，但這些在組織外部如何被理解呢？我想他們是經常欠缺反省的。然後，他們常忘記努力去將組織內部通用的語詞使之在組織外部有效化，即常忘記形象層是如何地厚，彼此的理解是如何有誤差這一現實，只是以組織對未組織的問題，或只是歸咎於組織外部的人尚未達到「真理」的問題。因此，他們認為與我自己的形象不同的形象皆是錯誤的，只要將自己的形象普遍化即可。這導致他們對全體情況的誤判，招致欠缺說服力的結果。

然後第二點，在像竹刷子型社會中，因有共通基礎，勞工階級的一個組織強大化，或一個組織有所前進的話，結果就會通到共同的根部，促進其他部分的組織化，使之前進。然而，在章魚罈社會中，往往不是如此。組織各自變成章魚罈型的，無法有使之擴散的動力，故有時會有一個組織的前進反而破壞與其他組織的連帶性的結果。但是章魚罈化是會無限細分化，組織內部的某部門和其他部分也會發生如上的問題。在一種極端的情況下，十分可能會發生該組織的力量或進步性會在毫無損失的狀況下，就被其周遭的人切離，變成有如浮在絕海孤島上的狀況。在該組織中的人只依賴自己的形象，依賴並安心於在他們自己間不用再說明的事情，視之為理所當然的語詞的話，有可能會發生某天早上醒來周遭風景都變了的事。

不立基於階級別之組織化的意義

我想關於革新勢力之領導任務問題，當需有與過去不同的思考方法。總之，在立基於階級同一性的組織化同時，也不得不盡可能地多重組合累積與之不同次元的各種組織化方法。那不單是為強力作用於材料，也是為了防止一個組織的思考方法固定化、沉澱，在合成各種形象的同時，找出流通度高的語詞。這種橫斷階級組織化之方式已在經驗上做過許多次了。例如：婦女的狀況的話，已有以無產階級婦女同盟這種以階級劃分方式來組織化婦女的組織。但最近這樣的做法幾乎很少見了。在家庭主婦或母親這個次元被組織化，**結果**強化階級力量。關於青年和學生等世代為中心的組織也是同樣的。投入各種組織化次元在經驗上是流行的，我們甚至可說在二戰後，在整體國民規模上成功的組織化，如反核試爆運動或母親大會等，這幾個都不是所謂的階級的組織化。但我以為這到底具有何種思想的意義這點是尚未經過充分反省的，不是嗎？

這不單是這樣做在政治上比較不露骨這種狹隘策略性問題，而是深深扎根於現代社會的問題。若我們不反省這件事的意義的話，就會陷入只是臨場應付的機會主義。

合成多元形象之思考法的必要性

我們社會中的語言會隨著組織的多元化而複數化，而且形象自身不管離本來的對象多遠，該形象會通用於社會，成為獨立力量。我想我們必須從這一基本事實出發，要有能以蒙太奇方式合成對於整體情況鳥瞰的策略和思考方法。

這同時也是社會科學的問題。只靠原理或原則等真理性之物已不夠用了。總之，若我們安坐在這真的是真理，其他的都是幻想的想法上的話，將會面對「幻想」創造出新現實，「真理」反被放置不顧而現實前進的狀況。我們不可以在十重二十重的形象中，一個人守著「真理」的旗子。反而，合成各種人們的形象，或者打破組織內部語詞的沉澱，拓展自主溝通的幅度才是今後社會科學要面對的問題。

我們要在學問方法方面，學習如在搜找犯人時，把看過犯人的人們的印象製作成蒙太奇照片的操作方法。不是原理原則從天而降，我們當要多研究像電影的手法那樣，將現實中的許多形象作為素材，將之累積重構，提供觀眾一個感知邏輯、理念等的方法。我想要與大家一起來思考這樣的問題，所以我才聚焦並說明這個問題的前提，即組織的章魚罈化問題和形象的獨走化問題等兩個問題。

第四部 ● 「是」與「做」

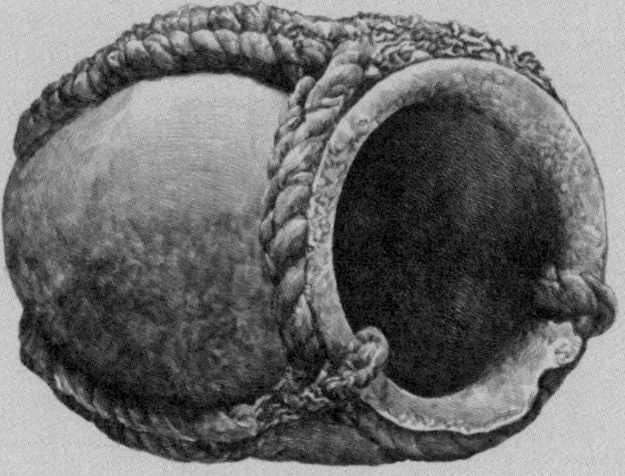

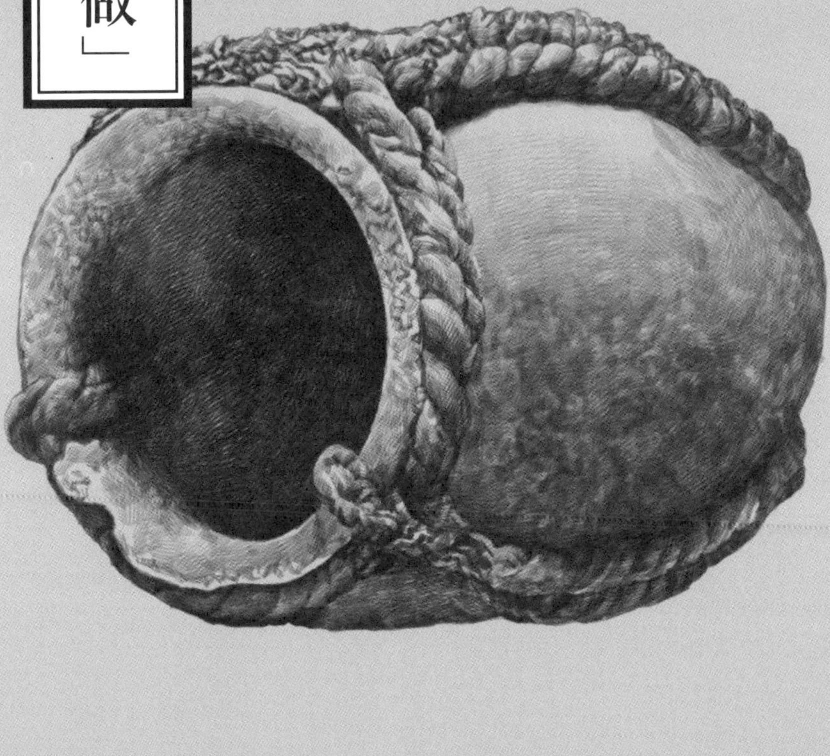

實在不好意思，我的演講題目好像是英文考試的題目。我想我先不解釋這個題目的一般意義。取而代之的，我擬舉各種具體的例子來慢慢說明清楚本日的主題。

「在權利上睡著的人」

我記得學生時代聽末弘嚴太郎老師的民法講義時，他是像這樣來說明「時效」這個制度的。以為借錢不被催促是好事，假裝自己沒做壞事這種壞心眼的人得到好處，但好好先生型的借款人結果有所損失。我想大家都會覺得這些事情是不合人情的。但按末弘老師的說明，這個規定是基於長期在權利上睡著的人不值得民法保護這樣的意旨。聽完這個說明後，我有所領悟外，也對「在權利上睡著的人」這句話留下強烈印象。我現在想來，只要不**做**請求行為來中斷時效，只保持著**是**債權人身分而已的話，這終會失去債權的。我覺得這種邏輯中隱藏著不只是民法法理的重大意義。

例如：我可以看看憲法第十二條的規定，其中記載：「受本憲法保障的國民的自由與權利，國民必須以不斷的努力保持之」。這一規定與基本人權是「人類為爭取自由經過多年努力的結果」這一憲法第九十七條的宣言對應。即向未來投射獲得自由之歷史過程，這與剛才在「時效」問題所談之事有著顯著的共通精神。這點不難理解吧。也就是說，若我們將這憲法規定變更一下，就變成警告我們，「國民現已是主權者，但若只是安住於此，怠惰於權利之行使的話，會發生某天早上醒來不再是主權者的事態」。這不是誇張的威脅，也不是教科書式無趣的說教。這正是從拿破崙三世的政變到希特勒掌權這近百年來西歐民主主義的血腥過程所顯示的歷史教訓。

美國某位社會學者說：「**祝福**自由是容易的，相較之，**擁護**自由則是困難的。但是比起擁護自由，市民每天**行使**自由更困難」。這句話所說的與前述構想基本一樣。我們認為自己的社會是自由的，在祝福自由之間，也有可能在不知覺間，自由的實質變得空疏。自由不像是直接放置**在**那裡的東西，是經由現實的行使而被守護著的。換言之，希望每日**能自由**，才能保持**是自由**的狀態。就此意義而言，近代社會的自由和權利等物對於喜好生活的惰性，覺得只要每天生活平安就好，至於事情的判斷等交給他人即可這種人，或者對於比起從椅子上立起來，更喜歡深深靠在椅背上的人而言，是相當令人覺得厭煩的。

近代社會中對於制度的思考

我們常講自由人這句話。但是相信自己**是**自由的人反而因怠惰，不去不斷地檢討自己的思考和行動，被自己**心中**偏見所限制而不自由。這是常見之事。反之，深切理解到自己是「被捉住著」的，總是會去凝視自己的「偏向」性之人，因他會努力去**更**自由地認識並判斷事情，故**相對地**比較容易有得到自由的機會。制度也與這有類似的關係。

民主主義本來就是藉由人民不斷去警戒制度的自我目的化（物神化），及不斷監視、批判制度在現實的作用方式的姿勢，方能活用的。所以，這非常適用於民主主義之名的制度本身。總之，與自由一樣，民主主義也是經由不斷的民主化才能保持住民主主義的。所謂民主主義的思考比起定義和結論更重視過程，這句話的最深意涵即在於此。

如上所述，債權只有藉由**行使**才能**是**債權的這一邏輯可擴張理解為深深規範近代社會制度和倫理乃至判斷方式的「哲學」。

有句有名的話說：「布丁的味道不吃不知道（The proof of the pudding is in the eating）」。我們該如何理解這句話呢？我們可認為其「屬性」**內在**於味道中，還是透過吃這個現實行為，其味道**每次**不斷地被檢驗呢？我想這大概是在判定社會組織、人際關係和制度價值時，在光譜兩端上的兩種思考方法。打破身分社會，把概念實在論轉成唯名論，把所有教義都付諸實驗，對於在政治、經濟、文化等各種領域中「先天」通用的權威「質問」其現實功能、效用的近代精神的動態，正是如上藉由將「是」邏輯、價值**相對地**把重點轉移為「做」邏輯、價值而產生的。若說在哈姆雷特時代最大的問題是 to be or not to be 的話，近代社會的人對於 to do or not to do 這個問題是越來越關心了。

當然，基於「是」的組織（例如血緣關係或人種團體等）、價值判斷方法並不會在將來消失，「做」的原則也非在所有領域皆可無差別地謳歌。但我們藉由設定這兩個圖式，可得到測定具體的國家政治、經濟和其他種種社會領域之「民主化」**實質的**進展程度，及制度和思考習慣間的差異。不只如此，我們也可藉此得到在反省線索，反省在某方面依然非常非近代的同時，在另一方面又十分超近代的現代日本問題。

以德川時代為例

接下來，為了更清楚地說明上述典型的對照，我舉德川時代那樣的社會來說明。不用說，我們都知道在那個社會中，出生、家世或年齡等要素在社會關係中皆扮演重要角色。不論哪一個都具我們**現實**行動可改變的意義。因此，在這樣的社會中，不論是權力關係或倫理，在一般事物的想法上，比起**做**什麼，那**是**什麼更會是價值判斷的重要基準。一般來說，大名和武士不會認為是因他們提供農民和商人某些服務，所以才有統治權的。他們會認為因自己所具之大名和武士等身分「屬性」，故當然（先天地）具統治權。不管是譜代之臣或株仲間或家元等皆是此意義的「是」價值，並不會被認為是因具體貢獻和服務，所以才要檢證其價值的。

人的行為舉止和交往方式是從他**是**什麼而自然形成的。武士要**像**個武士，町人要**像**個町人。這是那個社會中的基本倫理。不用說，不可能有「權利的鬥爭」，每個人都必須安於各自被指定的「分」，這是要維持這樣的社會秩序所必須的生命要求。在這種社會中，同鄉、同族或同身分階層等**既定**關係是人際關係的核心，實際上，少有人能透過工作和目的活動來和**未知**的人連結**多種**關係。即使那種基於「做」的關係，也會有盡可能以「是」的關係為模範的傾向。

「是」的社會和「是」的道德

在德川時代那樣的社會中，大名和名主該有何種行為舉止都已被自然規定好了。因此，在這樣的社會中，要溝通之時，從外部識別對方的身分，即武士還是農民或町人等是第一要件。若無法在見到對方的第一時間就從其舉止、措詞等來理解對方身分的話，就會不知道以何種禮節應對。然而，反過來說，在這樣的社會中，在集會中彼此知道彼此的身分（事實上不會有未知彼此身分的集會），不須制定會議的手續和規則，也不用養成會議的精神，只要順從應有的道德對話即可。

換句話說，和完全陌生之人間的倫理不太發達，也沒有發達的必要。所謂公共道德是陌生人間的道德。例如持儒家所說的五倫這種有名的人倫基本關係來看，有君臣、父子、夫婦、兄弟、朋友。這其中，前四種關係是縱的上下關係，只有朋友是橫的關係。在超越朋友關係以外的，與他人之間橫的關係在儒家基本人倫中並不存在。所以，我們可說儒學是典型「是」的倫理，產生儒學的社會，或以儒學道德為人際關係核心的社會皆是典型的「是」社會。

「做」組織在社會的興起

相對之，與陌生人間有必要發展關係時，則組織和制度的性格就會改變，在人倫道德方面，只有「是」道德已不夠用。這一方面使社會中的政治、經濟、教育等產生分工的同時，在各種領域的組織、制度**內部**又會相應其活動，而分化為某某局、某某部。如此一來，人們就必須同時在多種關係之中，按狀況扮演不同的角色。也就是說，人際關係不是一種**全部概括**的關係，而是角色關係。在現代社會中，我們去拜訪朋友時，會先表明自己的角色。我們若不說「今日我**以**朋友的身分說」或「今日我是代理部長來的」等的話，別人就不知我們為何目的，以何角色和資格而來。我記得有一件幾年前發生的事，西尾末廣（一八九一至一九八一）還在當社會黨書記長時，西尾先生的行動引起問題。那時，西尾答辯說那是「他以書記長個人的身分做的」，但這樣的答辯又引起問題。因為有人質疑：那是西尾末廣這個人以個人資格所採取的行動？還是以社會黨書記長的角色、社會黨的代表所採取的行動？針對這樣的質疑，西尾以甚複雜的方式回答：「不是以純粹個人，也不是以書記長的公共資格去做的」。我在此並非要討論這個事件的內容，或者西尾先生的答辯是否只是個藉口這些問題。而是因上述那樣的質疑和西尾曖昧複雜的回答和今日的主題有關。我們無法以這真像西尾會做的事這類說辭來理解這件事，這本身就象徵性地顯示出問題的所在。

再說一個相反的象徵性例子。川端康成（一八九九至一九七二）有一新聞小說，叫《生為女人（女であること）》（可直譯為《是女人》——譯者）。在該篇小說中，川端把女性極微妙的感覺和纖細的心理複雜性表達得很好，連讀者都能感受到。離開川端的小說不說，從我提到什麼「是」女人的屬性（不只是性別，也是人的屬性），就會想到各種女性的、像女性般的行動模式。當然，也有「男子氣概」（男らしさ）這樣的語詞，也有相應的形象，但似乎男女之間是有所差異的。至少若以《生為男人（男であること）》為小說題名的話，我們會覺得不自然，有些滑稽的感覺。這有很多種原因，但我想就其背景而言，相對於男人在社會從事多樣的活動，扮演多種角色；女性、特別是家庭中的女性主要是扮演妻子和母親的角色，因此比較多有因為「是」女性，故「自然地」會有女性行動模式的情況。所以，若有一女性和男性皆在社會上扮演多種角色的社會的話，我們可以想像在這樣的社會中，可能不容易有像我們日本社會這樣，從女性的屬性，就對像女性那樣的舉止或言行有具體的想像，至少在這樣的社會中，就連文學大家川端先生也不太可能取「生為女人（女であること）」這種小說題名了。這並非好壞的問題，我只是舉一個單純化的例子說明人所處狀況的複雜化會對人的行為舉止和對人的判斷帶來何種變化的問題。

業績本位的意思

從「是」邏輯到「做」邏輯的演變，並不是人們早上醒來突然改變想法的結果。這不外乎是因生產力提高，交通發展且社會關係複雜化所產生社會過程的一個面向。即相較於基於血緣、同族等性質的人際關係，為**「做」**某事之目的——為**該**目的締結的關係和制度比重增加。描寫近代社會特徵的社會學者所說的功能集團（公司、政黨、工會、教育團體等）的組織本來就是基於「做」之原理的。而且，這種團體的存在理由本就是基於特定目的之活動，團體內部的地位和職能分化皆因工作需要產生。公司上司和團體領導者的「偉大」與封建社會君主不同，不是因他是上司所產生的，而是以其業績為價值判斷基準的。

武士在日常生活中總是得扮演好武士的角色，但公司課長並非如此。其與下屬的關係不是概括全部生活領域的，應只在工作方面有上下關係而已。在美國電影等中，我們常可看到在工作時間一結束後，社長和社員或打字員間的命令服從關係瞬間變成公民關係這樣的場景。這是基於「做」的上下關係當然會發生的事情。若在日本這種關係不成立的話（在工作之外的娛樂和家庭交際都與公司間的關係有關的話），則職能關係就會變成「身分」關係了。

如在這些例子中，我們可看到的，在到「做」社會和「做」邏輯之具體歷史發展過程方面，不是所有領域皆同一步調進行的，而且也非社會關係的變化自動改變人們的想法和價值意識的。不同領域間的落差，同一領域中組織邏輯和讓該組織運作之人的倫理差異等，造成各種不同近代社會之變形。

在經濟世界中

例如一般而言，在經濟領域中，從「是」組織到「做」社會組織、從「屬性」價值到「功能」價值的變化是最早出現的，也滲透得最深。不用說，從封建的土地所有關係到「資本」的所有關係之巨大變化就是在這個領域出現的。即使同樣是資本主義，若該資本主義高度發展的話，一般其所有權與經營權會有功能分離的傾向。**是**持股者、資本擁有者和**做**買賣（經營者）不必然一致。董事（サラリーマン重役）這個語詞在日本有其特殊意義，一般而言在高度發展的資本主義下，經營者皆是公司職員，高階管理工作越來越變得獨立。無能的有錢人並不是問題，但對企業而言，經營者是否有能力則是對企業是否能生存的重要問題。當然，即使我們說所有權與經營權分離（the separation of ownership and control——譯者），但這是在資本主義的資本擁有關係僵化中的事。我們可以說社會主義的想法反而是出自於要打破這個僵化，將「做」的邏輯通行於經濟組織中。但是，這裡有一個難以處理的問題。那就是在政治領域比起經濟領域，其「做」的邏輯和「做」的價值之滲透更慢。

在政治世界中，若將「做」之原理適用於政治的話，那是指就指導者方面而言，不斷地提供人民和社會服務的準備；就人民方面而言，那是指應當具備經常監視指導者是否濫用權力，並不斷檢測其業績的態度。我想我們當以上述基準來評我國政治到底民主化到何種程度，而非以制度表面上是否是民主主義來看。在現今日本，政治與現在能貢獻什麼和如何有效工作等事無關，領導者往往只是靠關係和資金，或者因長期處於統治的地位，又或因過去的功績而保有政治職位。大至一國的政治家，小到村落的老闆，右從自民黨，左至共產黨皆有許多這樣的領導者**蠕動**著。派系和私情通融的橫行也是人際關係無法依「做」之必要而隨時發生，反而是特殊人際關係本身被賦予價值所導致的。

然而，政治中這種「是」的價值之所以能執拗地存在，不單只在這種誰都知道的現象中。毋寧深深存在於人們不容易意識到的政治思惟中。

依據制度表面的判斷

如我方才所說的，**只**從制度表面來判斷政治是否民主的想法本來就是「是」原理的一種變形。我插一句話，歌舞伎的戲劇和《南總里見八犬傳（南総里見八犬伝）》等讀本小說的人物，大概都是善**人**百分之一百做善**事**，壞**人**則幾乎做壞**事**。總之，善人必然做善事，惡人必然做惡事。這是所謂勸善懲惡意識形態，但也不能說這必然只是有意識的「主義」之產物。這是因該作品所得以產生的社會到處都是依據「是」原理組織化的，故這樣的思惟樣式才成為主流。

社會關係複雜化的話，隨著同一個人在各個方面和角色與人發生關係，若我不去看具體情況中的具體行動的話，並不能單純地說誰是好人或壞人。與其以好人或壞人的基準來判斷，我想以好的**行動**或壞的**行動**為基準來判斷是越來越重要了。但是，我們在判斷制度時，常不依據該制度在現實的作用來測試，而是常以其本身的好壞來判斷。而且，現代國際和國內政治都帶有意識形態鬥爭性格，故以「先天地」用自由世界和極權主義世界或資本主義和社會主義等區分方式的傾向也加重了上述那種「是」邏輯的思考。

當然，我不是說這樣的區分是沒有意義的。但是若好制度必然產生好事，壞制度必然產生壞事這種思考模式固定化的話，我認為這不僅是危險的，且實際上是會帶來相當危險的後果。在三年前對史達林主義所帶來的災難的批判出現之前，共產主義者或其認同者頑強地否定這種指控。這雖也有政治動機，但不也是因該社會**「是」**採用社會主義制度，故本質上不可能有大規模的濫用權力和侵犯人權等事發生的思考模式深深滲透入社會的結果？但是反過來，在GHQ工作的Illouz博士曾說過：像蘇聯那樣的奴隸社會，掌權者只因其本身的利害關係，即使說2＋2＝5，也沒有人敢質疑的。他把這段話當笑話來說。我想現在像他這樣想的人應該不少。一般而言，職業的反共論者在國際上共通的矛盾論法是，一方面把共產陣營在現實中發生的事情和制度的負面要素皆說明**為**共產主義意識形態必然產生的，另一方面又把其意識形態**中**之人道主義、民主主義等普遍價值的方面理解為不過是現實權力的裝飾。

理想狀態的神聖化

這個問題我們姑且不論，身分或家世或人的素質等謂之持續的「狀態」。我所說的「狀態」指德文的「Zustand」——即表現在那裡那種靜態的姿態。以此意義來說的話，服務和效用的檢證是動態的「過程」，而非狀態。因此，我之前所說的「是」邏輯和「做」邏輯、「是」社會和「做」社會的對照也是來自看是要重視事情「狀態」或運動和過程的差異。好制度必然有好作用，壞制度必然產生壞作用這種想法的背後往往把理想的社會和制度視為一種模範狀態，即照片那樣的靜止之物的關係。因此，我們容易把現實社會上的壞事、政治上的壞事理解為從這模範脫離的偶然的、一時的逸脫，或是「好事」之輩**從外部**進來把美麗的花園弄亂。不管制度表面如何影響了現實，制度的神聖化情況大都受這種思考方法的影響。這是對於過去支配蘇聯文學界的「無葛藤」理論，及在現在共產主義中也顯著出現的「修正主義傾向」有極端恐怖感和警戒心的一**個**思想根源。

但是在我國，不是特殊的理論和陣營，而是在更一般的氣氛（所以難以被意識到）中，看到這種形態的「狀態」思考。我們對勞動運動和大眾運動，說：「因現在是民主主義**世界**」或「日本是民主主義社會，故……」或「日本既然**是**民主主義國家，這破壞秩序的行動……」等話，或多或少都是因心中潛藏此種想法之故。

在這樣的社會中，民主主義不是每日製造的，而是**既存**狀態，攪亂這一狀態就會**自動**被貼上「反民主主義」的標籤。在不久前發生的關於警職法的國會紛爭時，大家異口同聲的口號是「不正規國會的**正常化**」這句話。的確，那個會期延長侵犯了議會政治規則，就此意義而言，當然可主張正常化。但我們稍微注意一下便可感受到那時所謂「正常化」的呼籲中，有把一定的「狀態」神聖化，對將之攪亂的過度敏感反應的傾向。不論是報紙的社論或短評、投書等，皆如口頭禪一樣，會說：「擔心否認議會的風向興起」。但是，不可忽視的現實是，不管是在鎮上或職場上，我們都可聽到有人偷偷懷疑說道：「議會政治似乎在日本難以順利運作」的聲音（不論其論據的深淺）。反而也是正因如此，才會有人不斷**抱怨**上述的那些話。

果若如此，我們必須讓現在對各種議會政治潛在的或顯然可見的批判表現出來，即使那是非常非典型的或非健全的討論，然後通過與之開放的對決和競爭，讓國民廣為理解議會政治的理性根據。除此之外，我們無法期待議會政治在政治**發展**

並扎根。我們必須擔心的不是否定議會政治的風潮，而是議會政治變成恰如過去日本的「國體」那樣，未嘗經過否定論的鍛鍊，就成為神聖不可侵犯之物，強求人們信奉。大概不會發生利用禁忌來「護持」民主主義這種倒錯的事情。利用禁忌來維持秩序是古來所有部族社會（「是」社會的原型）之本質性特徵。

眾所周知，在日本，我們國民缺乏在自己的生活和實踐中創設制度的經驗。就歷史而言，大抵日本對於近代制度是先把已完成的東西帶入，再按其框架規範我們的生活的。這自然使我們會覺得是**先**有法律和制度，然後那些東西才**降臨**到生活中的。反之，我們不易有通過生活經驗來要求設置一定法律和制度的想法。而且，官僚式思考樣式也會強化這樣的傾向。在評定考績時，我們會聽到的話是「法律規定的事情一定要實施」。這種情況就像擠牙膏那樣，我們有意識無意識地從法律條文規定來推出具體的評定考績**政策**。

制度表面的邏輯經由具體的政策↓法的施行↓國會的多數決↓國民的多數意見這樣的還原論法，一舉跳過對於實施政策時之具體效果的煩雜檢測和不斷檢證的問題。

關於政治行動的想法

政治行動或經濟行動這些社會行動的區別若從「做」邏輯來說，當然是功能上的區別，而不是人和集團的區別。在近代社會中，這種功能是橫斷地分布於所有人和集團的。當然，政府和政黨那種政治團體**主要**是從事於政治行動，公司和工會則**主要**從事於經濟活動。但是例如政黨買賣土地時，也會有經濟活動，又如美國的工會那種「經濟主義」傾向強的工會在選舉時也積極從事政治活動。但是在「是」思考和「像」道德強烈的社會中，主要還是從特定的人和集團的差別來區分上述的「運作（はたらき）」。總之，文化活動和政治活動各自被還原為「文化團體」「文化人」和「政治團體」、政治家，故容易以為**是**文化團體就不該從事政治活動，教育者要像個教育者，不該對政治說三道四的。

若這種傾向強化的話，政治活動就會被視為職業政治家集團「政界」的專屬物，政治就會只被封閉在國會**中**。因此，在政治之外的廣大社會場域中，政治家以外的人所從事的政治活動就會被認為是超過本來社會身分的行動或「暴力」。但是不用說，民主主義本來就是發展於把政治從特定身分的獨占狀態解放到廣大公民的運動。而且，承擔民主主義的公民大部分在日常生活中皆從事於政治以外的職業。因此，若我們用一種有些矛盾的說法來說的話，民主主義是藉由**非**政治公民的**政治關心**，及「政界」**以外**領域的政治發言和行動所支持的。

公民生活和政治

在處理警職法問題時，我記得在某個報紙中讀到一則報導，有一位在「安靜的抗議活動」中衝鋒陷陣的文學者說：「我不認為自己在從事政治活動。只是在做文學者本就會採取的當然行動」。這大概是平時具「靜」的性格之人自然發出的感想。但在其發言中，我還是可以看到政治活動是在與公民生活完全隔絕之處，由特殊的人們所運營的活動這種日本傳統想法之強力作用。當然文學者（也包括教育學者等）的政治活動自然於職業政治家的活動不同。政治家是以權力為直接**目的**的，而這位文學者並不以權力為目的，大概也不是因某種政治**動機**才展開那種活動的。但是為什麼以權力為目的的活動才是政治活動？為什麼不可以有從學問和藝術這種**非**政治動機展開的**不甘不願的**政治活動？這些想法中潛藏著在**空間上**＝領域上把政治和文化區別的邏輯，而這種邏輯正是政治是政治家領域的「是」政治觀。若我們不打破這種思惟，則不可避免地，會認為進入政治世界之人其平常生活中的一切活動和想法皆是「政治」的。反之，在那世界之外的人則是與政治全然無緣的眾生。這種截然二分的態度出現在個人和國民歷史中，或者從極端的「政治主義」突然變成不顧一切政治問題那種政治與我無關的態度，然後又變成全然政治主義的立場，兩者交相反覆出現。

日本急速的「近代化」

「在社會中**做**困難事情的人是高貴之人，**做**簡單事情的是卑賤低下之人。讀書、思考，並為社會做有用的事是困難的事。所以人的貴賤區別只因**所做之事**的難易，現在大名、公卿、武士等，騎馬、帶大小武士刀的樣子看起來威風凜凜，然其肚中如空酒樽般空空的……許多人都是每日散漫度日。我們不該把這樣的人視之為身分高貴之人。只是因這些人有祖先代代傳下來的金錢和米，才能像那樣看起來很威風的樣子，其真正的狀態是卑賤的」。這是福澤諭吉在維新時，為幼兒所寫的「每日的教誨」中之一節。

在這素樸的一文中，家世和資產等「是」價值到「做」價值的價值規範歷史變化意義得到清楚的說明。近代日本動態的「躍進」背景中，這種「做」的價值轉換的確有所作用。然而，日本近代「宿命的」混亂是，因在「做」價值以猛烈之勢滲透的同時，「是」價值也相當有韌性地扎根，且表面是「做」原理基礎的組織也常因「是」社會道德而硬化。

傳統的「身分」社會急速崩壞，另一方面自發的集團形成和自主的社區發達也被妨礙，會議和討論的社會基礎不成熟時，我們該如何是好？陸續成立的近代組織和制度各自形成多少有些封閉的「部落」，在那裡「內部」成員意識和「像內部一樣」的道德大搖大擺地通用。而且，走出到「外部」的話，武士和町人那種「是」社會的禮儀已不通用，必須和**陌生人**接觸。人們和大小各種「內部」集團有關係的同時，各個集團「做」價值的浸潤程度不同，故同一人也必須因「場所情況」而有不同的行為舉止。夏目漱石早在明治末年時就已敏銳地觀察到我們日本人在「是」行動樣式和「做」行動樣式中反覆而呈現出多少神經衰弱的症狀。

「做」價值和「是」價值的倒錯

眾所周知，這個矛盾在二戰前的日本，因「歸一」於「臣民之道」這種行動樣式，才好不容易一**時得到解決**。若然，在除去「國體」這一支柱，且「大眾社會」諸相急遽蔓延的二戰後日本，自文明開化以來的問題爆發性地出現在各處也不足為奇。此處不好處理的問題不只是「前近代性」的強韌存在。

更難以處理的是，如我方才所舉**政治**的例子所顯示的那樣，在最需基於「做」

價值不斷檢證之處**明顯**欠缺之，另一方面在沒有那麼切實必要的地方，或在世界各地皆在反省「做」價值無止境地入侵之處，反而其效能以驚人速度和規模進展。

這在大都市的消費文化中表現得最明顯。我們的居住環境變化，如「是」原理所象徵的附有凹間（「床之間」）的房間減少了，取而代之的是從「實用」觀點來設計的廚房、客廳開始增多，且家具也增加許多功能等。又如大家所知的，日本式宿屋（因為**是**某室的客人，所以用餐和其他所有服務的享受權「流出」。越熟的客人越是如此）被使用為飯店的傾向也是這種情況。然而，若是在關於「假日」和「閒暇」時刻的問題方面，對都會中的上班族和學生而言，假日不再是安靜休息的日子，星期天的時候從木工工作到搭夜班列車去滑雪，反而假日變成極忙的「做」的日子。最近，我也收到「您都如何使用休閒時間」這種問卷調查。休閒時間不是從「做」的原理來解放，而是成為努力以最有效方式來管理時間的問題。不僅如此，我們看看**學問**、**藝術**方面，便可看到大眾效果和一般「實用」規範、基準已大量湧入。最近，某個美國朋友感嘆地告訴我，美國研究者的升等越來越依據在一定期間所生產的業績，而非論文著作的內容。日本的大學教授終身制是相當被批評的，這個制度一方面的確成為學問不發展的原因，有必要具實效的檢證。但是令人覺得諷刺的是，這種日本大學中的「身分的」要素反而成為上述那種「業績主義」無限制地氾濫的防波堤。我不得不說文化的藝能化現象已相當嚴重。

學問和藝術中之價值的意義

齊格弗里德（André Siegfried，一八七五至一九五九）在《現代》（日文譯本題名為《二十世紀の諸相》）這本書中，曾說過如下的一段話。他說：「在教養方面（我此處所說的和齊格弗里德所說的教養不是所謂博學意義的教養，而是指內面精神生活），問題不是用該用的手段和該用的方法**做好使之達到該有**的功能，而是知道你自己，對於自己和社會的關係、和自然的關係有自覺，這才是問題。」齊格弗里德剛好使用「是」和「做」這兩個語詞，他強調教養不可欠缺的個體性不是在做什麼，而是在自己所在之處，自覺到自己的存在。因此，據他所言，藝術和教養「與其說是果實，倒不如說是花」，比起所帶來的結果，其存在本身更具價值。職是之故，在這樣的文化中的價值規範、基準是無法以大眾嗜好和多數決決定的。「經典」何以在學問和藝術的世界中具有意義正與這個問題有關。

在政治和經濟的制度、活動中，沒有像在學問和藝術這種創造活動泉源的「經典」。頂多有「先例」和「過去的教訓」而已。這暗示兩者的重大差異。政治中並沒有**本身**自有的價值等。政治必定是由「果實」來判定的。對政治家和企業家而言，特別是現代的政治家而言，「無為」不是價值，反而是會與「無能」連結的語詞。然而，對文化的創造而言，誠然「偷懶」並不意味著什麼。例如方才所說的短期契約的業績主義問題來說，並不是說著作少就是好的學者、藝術家。在這樣的文化精神活動中，休止並不必然是怠惰。如同音樂的休止符一樣，「休止」本身具「活著」的意義。所以，在這個世界中，自古以來就尊重冥想和靜閒。這是其來有自的。我想這並不能說是落伍的想法。對文化的創造而言，比起不斷地前進，不斷地忙於工作，價值的蓄積是更重要的。

為了再翻轉價值的倒錯

在像現代這樣「政治化」的時代中，正是基於藉由對在內部深厚蓄積之文化的確信，如前所述，文化（非文化人）立場對政治的發言和行動才能真正有所作用。正是藉由這樣的行動，才有可能再翻轉「是」價值和「做」價值的倒錯——前者所具有難以否定的負面意義部分向後者**蔓**延，及應由後者批判之處但前者依然不動如山的倒錯狀況必須再翻轉。若有人懷疑我所說的主旨從政治的事情轉移到文化問題，就會突然變得「保守」的話，只好回答如下。現代日本的知識世界中切實不足，最需要的是，基進（從根部開始）的精神貴族主義和基進的民主主義從內部結合，不是嗎？湯瑪斯．曼（Paul Thomas Mann，一八七五至一九五五）在二戰後所說的書中，象徵地表現「馬克思閱讀腓特烈．賀德林」這樣的世界。若由我來翻譯湯瑪斯．曼的要求的話，就是上述那句話的意思。至少那是從我今日所談這種角度來診斷現代時，我自己所抱持的真實感想。

後記

如各位所看到的，在這本書中，論文體的文章有兩篇，講演體的文章有兩篇。之所以沒有統一文體是因尊重這些內容本來發表的形式，及因考慮到或有讀者不容易理解第一篇和第二篇的內容，故附上後兩篇以為導論。我先說明這些文章內容發表的時間和場地。

Ⅰ日本的思想　　昭和三十二（一九五七）年十一月　收於岩波講座《現代思想》第十一卷〈現代日本之思想〉。

Ⅱ近代日本的思想與文學　　昭和三十四（一九五九）年八月　收於岩波講座《日本文學史》第十五卷〈近代Ⅰ〉。

Ⅲ關於思想的應有方式　　昭和三十二（一九五七）年六月「岩波文化講演會」口頭發表，後收於《圖書》第九十六號。

Ⅳ「是」與「做」　　昭和三十三（一九五八）年十月「岩波文化講演會」口頭發表，《每日新聞》昭和三十四年一月九日至十二日改稿。

這次把這些文章收在岩波新書出版時，按一般新書的體裁，在各個文章中加入小標題。Ⅲ和Ⅳ姑且不論，在寫Ⅰ和Ⅱ時，並沒有預先想要以小標題來區分文章。所以標上小標題後，反而有不少不自然中斷的地方，但另一方面，也便利於凸顯各個問題點。

改稿程度各自不同。改變文章形式最多的是Ⅳ。原本連載在《每日新聞》的文章是從演講內容中摘要後，再添加新內容完成的。收錄在本書中的論文則是把新加的內容再復原成演講體，然後統合原本的演講和新添加內容而成的。相對之，Ⅰ和Ⅱ則只是稍微改一下文章表現而已。就作者我自己而言，我是相當不願意如此做的。論文發表當時，因截稿期限的關係，留下許多尚未定稿的內容。在獲得新整理這些論文的機會時，本當把後來收到的批評考慮進去，再重新說明論文整體論旨的。然而非常遺憾的，我因忙於準備出國，且新書的計畫已難以更動，故這次並無法修改內容。但也如後述，我又覺得為了在這次重新表明〈日本的思想〉的著作動機之後，再對讀者已提出的許多批評一併檢討可能更好，故現在不要添加內容也是種做法。即便如此，老實說，我一直到最後都在猶豫是否要對特別是關於第一篇論文中討論、批評最多的，即論及日本近代文學的部分再進行修改，改成論文原稿的形式。但不管如何做都是半成品，故最後就放棄，沒有修正了。

這本書的書名是取自Ｉ。Ｉ在形式上如前述，是尚未完成之物，但在內容上不僅是這本書的骨幹，也在我貧乏的工作系列中，占據稍微特殊的位置。我想先談我之所以給予這篇論文，〈日本的思想〉這個茫漠且在某個意義上來說僭越的題名之原由，同時也說明一下作者我自己的基本動機。看一下上述岩波講座第十一卷〈現代日本的思想〉的內容就可知，各個作者討論在二戰後日本思想界引起許多討論的幾個問題。在編這卷時，負責這卷的主編清水幾太郎開始強烈提出意見，認為有必要在一開始時對二戰後思想的歷史和邏輯背景做一般性說明，而這個工作就分給了我。二戰後的思想狀況已在〈現代日本的思想〉題名下，由各個作者各自以微視角度討論各種問題，故放在其導入部分的本稿主要以第二次大戰為止為對象，故不能再加上「現代」來限定之。但敘述起點也不是設定為維新以後，即使問題是從近代取來的，成為討論對象的意識形態是從近代以前說起的，故若題為「近代日本的思想」反不合主旨，且有可能會使人誤解。所以，我反而「限定」了上述那樣無限定的題名。

雖然這樣的說明聽起來像是消極的辯解，但事實上就這個論文成立的情況來說，既然因客觀條件已制約對象的選擇和範圍的設定，作者有義務在一開始的地方，對從其題名推測本書可能是日本思想史概說和日本思想概論那種「新書」的讀者做說明。然同時從個人思索的軌跡來說，在這種情況下，被賦予極茫漠的主題，至少就邏輯來說，如何把包括從《古事記》到總力戰時代的〈日本的思想〉整理統合在同一卷中，並交棒給下一位是相當困難的。所以，這次我也藉機嘗試把自己在心中思考的幾個問題和視角統整加入其中來書寫。就此意義而言，從一般觀念來說，或有誤導作用，但就我自己的問題意識和視角來說，也只能名之為「日本的思想」。若因此有人批評這是傲慢的僭稱的話，我也只能接受。因此，不管這是好是壞，我自大學畢業以來面對的許多學問上的課題，及在追求思索的過程中不可避免地刻印入的我的**思想**求道過程，這也都流入其中。同時，這也是關心方向的新起點。以表面的事情為例來說，二戰後，我因種種事情，研究對象超越日本思想史，不，政治思想史的範圍，將研究領域擴及政治學上的諸種問題，特別是分析現狀的領域，但在〈日本的思想〉的前後，我終於整理「戰線」，其後的論稿大抵皆屬舊作《日本政治思想史研究》和福澤研究的系列。但我所說的「關心方向的新起點」不是指機械式種類的分類，而是具更多內面的意義。這個問題我要一談起來就會沒完沒了，所以我只說一下「活用日本的思想傳統」這個問題。自〈超國家主義的論理與心理〉以來，許多人透過我所寫關於日本法西斯主義和日本民族主義的諸篇論文，及分析日本政治狀況的文章，對我的分析有批判有支持的聲音，但不管是批判或支持的觀點，大抵都是將之理解為對日本精神構造和日本人行動模式病理的診斷。就我看來，這一方面是正確的，但另一方面則不正確。理解不正確或明白誤讀的例子有指責我一直暴露缺陷、病理，或批評我把西歐近代「理想」化來裁決日本的思想傳統等。我對這些批評所做的現象論的回答，請參閱我同在二戰後不久發表的〈陸羯南〉這篇論文（《從民權論到民族主義（民権論からナショナリズムへ）》，收在日本近代史叢書，御茶水書房發行）和〈明治國家的思想〉（《日本社會之歷史探究（日本社会の史的究明）》，岩波書店發行）。然而，反而是這種理解方式底層的想法和思考模式才是我要考察的對象。這在這本名之為《日本的思想》其他地方應已談及的問題。但就某意義而言，我會說上述的意見也是對的，這是因為上述這些論文的根本動機皆是，對於作為一個有過戰爭經驗的日本人的**自我批判**（太琢磨的說法，但除此之外，沒有比較好的表現方式）。而且，當時有著把在三〇年代到四〇年代許多人都明顯覺知到的病理現象視為一時的逸脫乃至例外事態而埋葬於過去的舉動。我是在對這一動向的強烈抵抗感下寫出這些論文的，故從思想史觀點來找出病理現象的結構要因時，自然有偏重的地方。這種思想動機和關心也存在〈日本的思想〉中，也成為本書的Ⅱ、Ⅲ、Ⅳ中的一個主要潮流（只是在這本書中，我也論及天皇制精神結構中無限責任↓無責任的動態發展轉移到其他社會集團，特別是政治上處對立位置的集團主義陣營的問題）。

相對之，將所謂日本「優良」思想傳統從過去的歷史中找出來的工作則是次要的。那時，所謂進步派思想陣營也以各種方式展開繼承和發展民族遺產的工作。然而，我現在也擔心若我們不把日本思想史中思想的繼承方式、「外來」思想的移植和「傳統」思想之對應形態整體視為問題看待，不在其中安放各個思想，只把直接適合自己的喜好和政治課題之物視為傳統的話，這樣的歷史認識容易被以反對例證反駁，且其現實效果也不只是如明治末期的「國民道德論」之各種變奏曲再加一種而已。總之，我在〈日本的思想〉中，嘗試盡可能地討論並說明清楚的是，可為日本各種個別思想的座標軸功用的思想傳統無法形成的問題，及在從過去到現在約千年的歷史中，世界上重要的思想產物皆累積在日本思想史中的事實，還有在這一過程中出現的各種思想史問題間的結構關聯。儘管這是相當不自量力的，但我自己因為像這樣嘗試把日本過去的思想結構化，才覺得比以前變得更輕鬆，我把過去身上背負、一直纏繞於身的「傳統」卸下，來到了在其中「自由」地展望未來可能性的地點。我所說的可能性是，例如一種完整的思想或思想實踐結果是「反動」的東西中也有「革命」的契機，服從的教育學說中也有反逆的契機，諦觀中也有主動的契機。即找出各種反逆的思想史方法。我在這之後所寫的〈開國〉〈忠誠與反逆〉等論文中，除說明歷史關聯外，也是想嘗試從這一方法來討論問題。

職是之故，在〈日本的思想〉中，提出的各種認識命題當然一方面有從過去以來作者我自己的動機，即日本人的自我批判的意義，另一方面，我也是思索著是否可能引出正面評價的意義。例如：在I中，我們因為「回憶」而突然變異的傳統回歸這一模式。我的意圖在於指出日本人對於新思想敏感的感受性、普及度驚人地早熟，另一方面對過去（極太古之物）執拗地持續這兩個矛盾契機相互關聯，及特別說明這一點在近代化歷史過程所完成的功用。若我們能在認識上把上述這種精神結構和歷史功能對象化，並能自主地驅使「回憶」的話，那就不會只是如至今為止這種突然變異轉向模式的反覆了。

如上述，我在〈日本的思想〉中盡可能整體地掌握與我們現在直接接續的日本帝國思想史結構，我只不過嘗試把我們現在所面對的各種問題（知識人和大眾、世代、思想的「平和共存」、傳統與近代、轉向、組織與人、反逆和抵抗的形態、責任意識、社會科學的思考和文學的思考等）在其中發酵、上軌道的過程，及這些問題的「傳統的」配置關係表現出來。因此，有人以之批評我只是把各種問題安置在近代化的脈絡中，並解釋得好罷了，或批評我沒有提出實踐指南等。對於這樣的批評，我只能苦笑，並任由他們說。但是我自認自己與這種想法，即直接以之為日本人整體自我認識模範的想法，即疑似黑格爾般的自負是距離最遠的。我所希望的是，大家能踴躍對於上述這種各種問題的邏輯和歷史的關聯方式提出批評，或是受拙論刺激，能有人從個人想法層次到政治制度和社會機構層次，提出與筆者不同角度的思考。或者，本稿中雜亂地提出許多問題，尚未好好整理，更不用說展開論述，故若有讀者能自由地拾取以為討論素材的話，就覺心滿意足了。若有人這樣做，請告訴我討論的問題點，今後將進一步考察。若能這樣，我更感謝。

老實說，對於依前述構想所寫的〈日本的思想〉，其直接反響幾乎集中在「理論信仰」和「實感信仰」的對比問題上這點，實出乎我的意料之外。對於大家的接受方式（對於這個問題，如前述，過度簡略這部分的論述也是我的責任），我更感意外。這個語詞意指把「理論」直接當作思想「信仰」，或實感直接當作思想「信仰」，但當這直接作為語詞流通之時，在極端的情況下，就被通俗地理解為好像信仰理論即是「理論信仰」（我自己在掌握特定對象時，相信A理論比B理論正確！），相信自己的實際感受即「實感信仰」（自己不相信的實感本來就不是實感！）。而且，我身為一個社會科學研究者，我的批判主要還是理論信仰方面的問題，但在這一問題上，幾乎沒有反對論述出現。相對之，我對實感信仰的分析觸動了一部分文學者的神經。這著實令我吃驚。我從以前就十分敬愛的文學者批評這個分析說：「實在太自以為是了」，他認為我以社會科學真理為防護盾，說：「執著現實不見本質，即把對實物之即物式思考批評為現實主義」。對於像這樣的批評，我實在啞口無言（又，關於這點，請參照在本書Ⅲ中，我特別把「真理」加上括弧）。我十分願意承認在Ⅰ這一部分的討論實太粗糙，但是若讀者能更進一步在整體的關聯中理解我的論述邏輯的話，就不會如此曲解了。我只能重新討論實感信仰的問題了。例如對於在Ⅰ中引用小林秀雄這點，我想再說明一下。我想就算我再如何無知，也不會如在二、三個批評中提到的那樣，把小林秀雄視為「自閉於感覺觸動的狹隘日常現實」的代表。為了不節外生枝，我把這一段引出來。筆者寫道：「文學的實感或者滿足於後者狹小日常感覺的世界，不然的話，只有絕對的自我超越時空，以『自由』的直觀抓住瞬間閃耀的真實之光才會感到滿足。」（不用說，其代表是**日本**的自然主義）我就是認知到文學的實感不同於自閉於狹隘日常現實的實感主義，才加入「不然的話」以下一段話的。小林是能從文學者立場少數理解思想的抽象性之一人。就我個人的立場而言，我引用小林是將之視為實感信仰的極限形態，而非一般類型的。

關於小林秀雄的思考方面，我在Ⅱ中，已從某個側面有比較深入的討論，但不管如何，在Ⅰ中關於實感信仰地方的引用則不免是我自己的疏忽。在關於日本的「實感」的結構和功能方面，今後我將再請教大家後，再持續深化思考。雖我已說過，我想再強調一次，對於筆者在Ⅰ和Ⅱ提出的其他問題，也請大家對這個問題一樣，提出同樣踴躍的意見和看法。

最後，我在本書校畢之前就出發去旅行了。故在此特別感謝在訂小標題和其他校正等方面提供種種想法和援助的北海道大學法學部松澤弘陽教授，及一直麻煩、打擾的岩波書店編輯部堀江玲子、田村義也等人。

一九六一年十月

丸山真男

民主與日本的傳統：丸山真男的政治思想史研究與政治理論[1]

1 丸山真男的「傳統」觀

丸山真男與日本的傳統。乍看之下，或許各位會覺得這個主題有些奇妙。在《日本政治思想史研究》（一九五二年）所收的初期（一九四〇至一九四二年）論文中，我們可在德川時代的思想史中讀取到儒學（朱子學）的秩序像如何轉換為以「製作（作為）」原理為基礎的「近代的」秩序像展開的過程。在第二次世界大戰中，一九四二年公開刊行的論文〈福澤諭吉的儒教批判（福沢諭吉の儒教批判）〉中，我們可看到丸山對以確立「文明之精神」「『獨立自尊』的公民精神」為目標的福澤之「反儒教主義」有所共鳴。在二戰結束後寫出的論文〈超國家主義的邏輯與心理（超国家主義の論理と心理）〉（一九四六年）中，他則徹底批判繼續統治近代日本國家、社會那種前近代以來的「依存權威的」心性。這些都是有名的論點。若我們注意這些，就可看到丸山真男作為一個否定日本思想傳統，一心一意地追求普遍「近代」理想的思想家形象。

這些形象，當然在某一方面來說，是符合身為政治學者、思想史家丸山自身的問題意識。但這樣的形象事實只是著眼於一個面向而已。這一點，丸山在《日本的思想（日本の思想）》（岩波新書，一九六一年）的「後記」已有說明。他說：「對我的分析有批判有支持的聲音，但不管是批判或支持的觀點，大抵都是將之理解為對日本精神構造和日本人行動模式病理的診斷。就我看來，這一方面是正確的，但另一方面則不正確。」

1 譯者注：這篇文章是東京大學教授苅部直在二〇一八年十二月七日於中央研究院人社中心演講時使用的講稿。因其內容正好與本書相關，故在徵得苅部直教授同意後，附錄於本書中，在此特別感謝中央研究院的蕭高彥主任和陳宜中執行長邀請苅部直教授來台演講。

在丸山的業績中，《日本的思想》中所收的〈日本的思想〉（一九五七年）這一篇論文就呈現上面引文所說的「正確的」側面。在該論文中，丸山批判性討論日本思想史中的各種特徵。即他討論了許多外來思想皆無「座標軸」地雜居著的傾向，及無法明確化政治決斷主體這種「無責任」的結構、知識人的「實感信仰」這幾點。在「後記」中，他指與這一篇論文同系列的自身的論文，總結地說這些是對於一九三〇年代到四〇年代日本所表露出來的「病理現象」，「從思想史觀點來找出結構性要因」的一種嘗試。

但丸山在「後記」又另一方面對於〈日本的思想〉，概括為是盡可能地說明清楚包括前近代與近代日本的「思想史問題之結構關聯」的一種業績。然後，他說：「我自己因為像這樣嘗試把日本過去的思想結構化，才覺得比以前變得更輕鬆，我把過去身上背負、一直纏繞於身的『傳統』卸下，來到了在其中『自由』地展望未來可能性的地點。」也就是說，他可以開始著手於「在過去的歷史找出『優良』思想傳統的工作」。他後來發表的〈開國〉（一九五九年）、〈忠誠與反逆〉（一九六〇年）等思想史論文就是這樣的工作。

在此，我所說的找出「優良」思想傳統的工作與明治末期的「國民道德論」和昭和初期．戰爭期的「日本精神」論等讚美日本人「傳統」的討論有何差異呢？在「後記」中，丸山繼續說道：「我所說的可能性是，例如一種完整的思想或思想實踐結果是『反動』的東西中也有『革命』的契機，服從的教育學說中也有反逆的契機，諦觀中也有主動的契機。即找出各種反逆的思想史方法」。在別的演講（收入〈圍繞丸山真男教授的座談會紀錄（丸山眞男教授をかこむ座談会の記録）〉一九六八年，《丸山真男集》第十六卷）中，他也有提出類似的說法。他要在同一時代中，在沒有成為「支配性的想法」，且在後來的時代也沒再被評價為「傳統」，並沒有重新被稱讚的「只停留在少數的想法」中，找出成為「（現在的）我們的創造力源泉之物」。他認為通過這樣的工作，我們或可以「自由地創造的方式」找出一個與明治以後的日本所說的「傳統」形象不同的另一個「傳統」。

如上，就丸山自身的自我認知而言，在這種種可能性中理解傳統，在前近代的思想中找出能成為「創造力源泉」思想要素的作業是始於一九五〇年代的後半。先前所提到的論文〈開國〉〈忠誠與反逆〉就非常清楚地顯示這個傾向。在《丸山真男講義錄》第四冊至第七冊（東京大學出版會）中所收的一九六四年度以後的東京大學「日本政治思想史」講義中，也可讀到同樣的特徵。

但若我們再重新思考一下便可發現，在收錄在《日本政治思想史研究》的丸山最初的論文〈近世儒教的發展中徂徠學的特質及其與國學的關聯（近世儒教の発展における徂徠学の特質並にその国学との関連）〉（一九四〇年）中，他就在不被認為是德川思想史「支配性」潮流的荻生徂徠思想中看到「近代意識的成長」，同時在被認為是日本「天皇制」意識形態源流的國學思想中，指出「近代性」的萌芽。在二戰期間的福澤諭吉研究中，他從福澤被國粹主義者批判為「自由主義」，或為福澤辯護的人也必須強調他的國族主義面向的時代中，反而從正面分析福澤諭吉的「文明」與「獨立自尊」的精神。總之，丸山在「少數」派的思想中找出積極的意義，且在被視為「支配性」的「傳統」源流的思想中，反而找出批判「傳統」的要素。這種重新解釋傳統的方法是在丸山開始作為一個研究者時，就已使用的方法。

2 關於《神皇正統記》解釋的鬥爭

關於上述丸山真男所嘗試的發掘「可能性的」傳統這個工作。在探索該方法的初期形態時具重要意義的是，他在一九四二年六月（當時二十八歲）時所發表的短文〈神皇正統中出現的政治觀（神皇正統記に現はれたる政治観）〉。這篇文章是受前外交官伊藤述史（のぶふみ）所贊助，希臘哲學研究者山本光雄所編輯的雜誌《日本學研究》的邀稿，所特別寫給該雜誌「神皇正統記研究特輯號」的。

在一九三〇年代．四〇年代日本的政治狀況．思想狀況中，《神皇正統記》這一本十四世紀所寫歷史書，在高唱「日本精神」論的風潮中具強烈的存在感。《神皇正統記》是在南北朝時代戰亂時期，仕奉於南朝後醍醐．後村上這兩位天皇的公家北畠親房（きたばたけ・ちかふさ）以常陸國小田城為根據地，與北朝的軍隊展開對峙、戰鬥，要求東國武士集結於吉野朝廷時所寫的日本通史。初稿成於延元四

（一三三九）年，四年後再修訂過的稿本成為主要流通的寫本。德川末期、慶應二（一八六六）年九月，京都國學者川喜多真彥（かわきた・まひこ）加上序文和注釋後，以《標註校正神皇正統記》為書名出版，近代則有出版過許多版本和注釋書。

這個書在昭和初期，以一九三四年的建武中興六百年，及一九四〇年的皇紀二千六百年為一大契機，而開始被讚美為「日本精神」的古典。例如十分活躍且主張要體認、實踐「日本精神」的中世史學者平泉澄（ひらいずみ・きよし）就是代表者。平泉當時是東京帝國大學文學部國史學科教授，在學界和陸海軍有很大的影響力。丸山真男在當助手的時候，去聽過平泉的「日本思想史」講課。一九三八年度的聽講筆記的一部分收藏在東京女子大學的丸山真男文庫。

根據平泉之論，《神皇正統記》是後醍醐・後村上天皇的「忠臣」北畠親房為在十二歲時即位年幼的後村上天皇所寫的，他認為那是「陳述神國日本的歷史，明神皇正統之理」的書。在該書中，他論述基於天照大神對其自己子孫當世世代代統治這個國家的「神勅」，主張正確傳載鏡、劍、玉這三種神器的天皇才是「正統」

的。然後，他根據歷史上的例子，陳述天皇所當習得的「君德」，及不可違反主君命令，和當遵從的「臣子之道」。所以，在昭和時代承「護持皇國大任」的帝國日本「臣民」也通過閱讀親房的書籍，而習得對天皇絕對忠誠的精神。平泉如是的主張在大學內外廣被傳唱。

再者，當日本與美英開始戰爭時，政府與軍部、國民一體化，主張「日本精神」和「大和魂」教化的行動又再強化，對政府和過去日本歷史的批判都漸被禁止了。在這種思想統制強化的情況中，《神皇正統記》正是作為有助於國家動員的宣傳之經典而被強調、讚美其意義。對已對軍部統治體制抱持批判態度的丸山而言，在這種狀況下寫這本書的論文是伴隨緊張的一種行動。之後，他回想道：「實際上提筆寫時，因是必須小心的對象，且限定為政治思想，故有必要一字一句慎重地寫，這一點我的記憶依然非常鮮明」（《戰中與戰後之間（戦中と戦後の間）》〈後記〉）。

但是，丸山這個《神皇正統記》論不是因受委託才不得不寫的那種論文。從其末尾的敘述，我們可知丸山從包藏在這個書中的北畠親房政治思想，獨自取出對現代生者當繼承的要素，以之為中心來重構作品全體的思想。

丸山說：「身為建武中興政治家的他結果必須與建武中興的命運共存亡。但是不管政治的實踐是否成功，經常力陳從『內面性』行動之價值，自己也以身作則的思想家北畠親房在隔幾百年的星霜後，急切向我們呼喊。」

丸山在這篇論文中注意到親房重視體現三種神器之德，特別是他重視鏡所代表的「正直（しょうじき）」是統治者當習得的精神態度，也是判斷統治好壞的規範。親房說：「心不蓄一物」，所謂「正直」乃意指，捨棄就結果而言是否對自己有利的考慮，徹底追求「純粹的內面性」、「捨己欲，以利人為先」的態度。丸山認為這是在北畠親房的思想中位於「主體地制約一切政治營為的最高理念」。

強調追求作為理念的「正直」這種《神皇正統記》解釋大概是丸山從村岡典嗣（むらおか·つねつぐ）的北畠親房論學到的。村岡那時是東北帝國大學法文學部日本思想史研究室的教授，在丸山擔任東京帝大法學部「東洋政治思想史」這堂課教授之前，村岡曾連三個年度（一九四〇年至一九四二年）以兼任講師的身分在東大講過三次課。每一年都是講日本「國體思想」歷史的課，故每年都會討論到《神皇正統記》。丸山在一九四〇年度．一九四一年度的聽講筆記也保留在丸山真男文庫。

村岡在一九四〇年度的講義〈國體思想的淵源與其發展（国体思想の淵源とその発展）〉的原稿在他去世後公開刊行。在該講義中，村岡舉鏡所代表的「正直」，玉所代表的「慈悲」，劍所代表「智慧」這三種親房所舉的德與柏拉圖哲學、「中世基督教」、儒學．佛教這種「東西倫理思想史上的主要元德說」對比，並指出其獨自性。按村岡之論，三種德之中，「正直」被視為「道德之根源」，而賦予特別的位置。這與對天照大神「純粹」信仰結合，顯示來自「古神道」的「道德的宗教的內容」。強調「正直」「理念」之崇高性的丸山之理解當受這個論文強烈的影響。其次，丸山把親房所說的「正直」解釋為不僅是天皇和其臣下的公家．武家等統治者，也要求「被統治者」的「倫理的制約」。這一點也和村岡的解釋相通。

但是與村岡不同，丸山認為探索「正直」這一「徹底純粹內面性的」態度是否來自「古神道」的「思想系譜」不是「現在的問題」。這種「正直」不陷入封閉於自我內面的「虛無的主觀主義」，「在否定外部之事中，反而對外部有所作用」。「正直」是與人人皆能安心工作這種追求「國民生活安定」的「政治作為」相關的。

所以，儘管《神皇正統記》的立場否定當時足利氏的武家政權，但對過去鎌倉幕府執權北條泰時的善政給予高度的評價；相對之，對於發起倒幕運動行動的後鳥羽上皇則嚴格批判。丸山注意到這一點，看到這是對「儒教有德君主思想」的回應，並提出「政治的指導理念」的一種嘗試。在這裡，我們可看到丸山對在國民生活巨大犧牲的基礎上所遂行的「大東亞戰爭」這一眼前現實的批判，借親房之詞，提倡「為民眾的政治（民衆のための政治）」意圖。

3　「政治的現實主義」之「傳統」

根據丸山真男在二戰後所陳述的回想，即在〈摸索思想史的方法（思想史の方法を模索して）〉（一九七八年）一文中，他提及二戰時中的《神皇正統記》論，在那時他自己實際上對該論文的評價不太高。在〈神皇正統記中的政治觀（神皇正統記に現はれたる政治観）》中，他有論及韋伯的《政治作為一種志業（職業としての政治）》（一九一八年）中的「心情倫理」（Gesinnungsethik）和「責任倫理」（Verantwortungsethik）這二分法。但他在一九七八年時自己反省，說這篇是戰時所寫的文章，該篇文章太過於強調親房思想中之「心情倫理」的結果，自己把對眼前政治狀況的批判帶入思想史敘述中。他說：「身為歷史家必須謹慎，不可亂用」。

但是在這一回想中已有一種先入為主之想法。我們必須理解這是軍部統治和「日本精神」論的跋扈已成過去，《神皇正統記》已非主要經典時代所做的陳述。相對之，青年丸山之所以在其《神皇正統記》論提及韋伯，那是他認為親房看到同時代的「民眾苦惱」之中具有儒學思想所無的現實意識，故從其中有「心情倫理」和「責任倫理」兩者「必然互補」的脈絡上來理解的。從這篇文章中，我們可理解到丸山在北畠親房的思想中找到「心情倫理」和「責任倫理」統合的一種狀況。也就是說，三種神器的鏡所「象徵」的「正直」之德，即以「徹底純粹內面性的」態度行「德政」，而思考這種統治結果是否真能「安民」，並自己負起責任的態度。這正是丸山在《神皇正統記》的敘事中所讀到的。

丸山在這來討論的是，政治家當有的思考法，也就是——若借丸山論文〈權力與道德（權力と道德）〉（一九五〇年）附注中的話來說——與「權力的道德」相關之事。若然，在二戰後，丸山對德川末期儒學者佐久間象山（さくま・しょうざん）的思想中之「政治的現實主義」的分析就十分令人覺得有意思。這些討論呈現在〈幕末時期視座的變革——以佐久間象山為例（幕末における視座の変革——佐久間象山の場合）〉（一九六五年）一文中。

例如象山在天保十三（一八四二）年寫給松代藩主的書信中，就指出英國雖是「道德仁義」不分的「夷狄」，但其行動原則皆是以「利」為基準的。因此，他們若判斷沒有利益的話，就不會選擇攻擊，日本這邊一直在警戒他們侵略，反而被情緒所左右，而將國家帶往危險的外交方向。反之，若攻擊日本對英國有利益的話，即狀況一變，他們也會在沒有怨恨的情況侵略過來。

丸山在這裡，同時在一個事象中看到「向矛盾方向發展的可能性」，發現其中潛藏的「政治的現實主義」。「政治的指導者」唯有具有這樣的「認識眼」，才能冷澈地把握現實，並往理想一步一步邁進，使成熟的「政治選擇」成為可能。在同一論文中，丸山如何理解過去的思想呢？他對該方法的討論也重要的。

為了在今日這個時間來學習百年前的思想家，首先第一，現在我們必須先把我們到達的知識或現在使用的語詞，進而以之為前提的價值基準放入括弧中，盡可能地在當時的狀況中，即把自己放入當時的語言用法，當時的價值基準中。我想這種想像上的操作是必要的。（中略）所謂驅使、操作歷史的創造力是把今日我們理解的結果還原到不知會如何的未知的混沌中，回到歷史的既定過程會有各種可能性的地點，將自己置於其中。簡單地說，就是對過去的追體驗。

上述引文所說的「追體驗」（體驗別人的體驗）的思考態度與之前所名之為「政

治的現實主義」的思考方法正好是並行關係。丸山認為對於圍繞自己的狀況，要避免固執於只是注意其中一面所描寫的圖像，要看到在其中各種「向矛盾方向發展的可能性」，並慎重決定態度。將過去人物置於「未知的混沌」中來理解的這種「追體驗」的態度等同於在想像之上，將自己不斷地置於該人物的政治判斷立場。

接觸文本，不斷地「追體驗」是現在活著的讀者運用「政治現實主義」的練習場。親房和象山思想中所看到的那種「現實主義」的思考同時也與思想史敘述的行動互補，在兩者發生關聯的情況之中，創造新傳統的契機將會展現開來。對丸山而言，重新發現傳統是以這樣的方式與在現代體認「政治的現實主義」的行為密切相關的。

4　「政治化」與情報化社會

然而，雖說我們當藉由現實主義的姿態來看清現實，但若該現實在藉由媒體傳播的虛擬現實中已遭受歪曲的話，人依然能持續理性地判斷嗎？丸山雖一方面向讀者訴說基於理性之積極地參與政治的意義，另一方面，他認為在二十世紀以後的大眾社會中，對於上述理想已難以懷抱希望。他早在戰後初期就已開始討論這件事。

例如在一九四八年發表，後來收入丸山論文集《現代政治的思想與行動（現代政治の思想と行動）》下卷（一九五七年）的有名論文〈人與政治（人間と政治）〉中，他如下說道：「不管政治的作用是理性或情緒或者是慾望，會隨其必要性動員人性中之各種作用。總之，因為讓現實有所進展是目的，故政治中不存在作用的固有通路。宗教、學問、經濟，只要能用來搬動政治對象的話，不管何時都要為自己所用。」在該論文中，丸山說：「政治的本質性契機是組織化人對人之間的統制」，並定義自己的「政治」觀。他訴諸於情緒和慾望的領域，將把人們組織起來的權力作用置於政治現象的中心。

在〈人與政治〉中的討論，丸山注意到人性與政治權力作用間之陰暗面，那是因為他更深刻地理解到大眾社會中之「政治化」（Politisierung）的問題。據丸山之論，在二十世紀的大眾社會中，「因近代國家而一旦分離的外面和內面、公與私、法的＝政治之物與文化之物又再度難以區別」。政治權力巧妙地使用當時最新銳的技術「廣播或電影」影響人們的世界觀，使之往一個方向移動。在這篇論文中，丸山甚至主張「自由」的價值也在冷戰時代中成為不過是對抗共產主義的意識形態。

丸山一方面有著對人之理性的最終信賴，並認可積極公民參與的可能性，但另一方面，他也在〈人與政治〉中，陳述「政治化」和大眾動員的陰暗現實像。丸山的戰後思想常在這兩極移動。在一九五〇年代否定戰後民主化的「逆反過程（逆コース，Reverse Course）」，及激烈左右對立的時代，在經驗一九六〇年代以後高度經濟成長所伴隨的社會變化中，兩極間的糾葛在丸山自身之中逐漸擴大。

在一九六〇年論文〈現代的人與政治（現代における人間と政治）〉中，丸山以現代風格的語言討論在媒體急速發展的情報化社會中，虛擬現實的支配力強度。在此，丸山認為人只要生活在現代社會中，就會被媒體傳播的情報浪潮波所吞沒，而在意識深處對於現實有著某種「形象」。丸山指出「我們的宿命是只能住在各種『虛構』、各種『意匠』之中」，在彼此因互相對立的政治意識形態和民族主義而各自抱著不同「形象」的人類集團間，充滿著產生決定性斷裂的可能性。

在這樣現代的情報化社會中，真實地理解社會，基於理性判斷來行動，並實現參與政治的個人這種理想是極困難的。在這篇文中，丸山最後說，與住在自己「內側」的人們共有實感的同時，也當不斷地與「外」往來。這就是「住在邊界的意思」。

5 「遊戲」與武士的倫理

丸山的思想只能在這種虛擬真實的支配中，持續訴說著「住在邊界」而已嗎？他是否認為以自由的確立為前提，人們積極地參與政治這一意義的公民權在現代已無實現的可能了嗎？我在此對於這個問題想採取以下的立場，即我認為丸山對於現代公民權和「政治教養」的可能性，依然持續著各種思考。舉一例來說，我們可注意到丸山在引用荷蘭史家約翰·赫伊津哈（Johan Huizinga）在其戰前所寫的書《遊戲人》（*Homo Ludens*）（一九三八年）後，討論以下幾個問題。

約翰・赫伊津哈在其書中，在人類史的大展望中，認為把人作為Homo faber（工作人）從事工作和生產的同時，也把「遊戲」作為生活的重要元素組織進來。據赫伊津哈之言，「遊戲不同於所謂的『日常生活』，是別的某種東西，遊戲在必要和慾望的直接滿足這一過程之外。不，那會一時地中斷這一慾望的過程」。人不被必要和慾望的滿足這一目的所限制，把非日常的「遊戲」時間夾雜入日常之中，藉此方可進行健全的生活。這本書在一九六三年出版了日文譯本，在東京女子大學圖書館的丸山真男文庫的丸山舊藏書中，有這一日文譯本和改訂為文庫版的另一版本。這顯示丸山對本書具高度的關心。

實際上，赫伊津哈的《遊戲人》是與一九三〇年代的政治狀況密切相關的一個文本。他在該書第十二章〈現代文化中之遊戲要素〉中，尖銳地批判把意指「非常時期（Ernstfall）」即「認真的時間」的語言正當化為動員國民參與總動員戰爭的時代狀況。然後，他把論述政治權力為對敵友關係的區別，在對敵的殲滅中發現政治本質的施密特（Carl Schmitt）之著作《政治性的概念（*Der Begriff des Politischen*）》

（一九三三年版）視為代表該時代狀況之書，並加以批判。這本施密特的著作是丸山在大學時代開始閱讀，並且是在寫〈人與政治〉時參考的重要文本。

對於與「非常時期」和升高到相互殺戮的總動員戰爭時代對立的戰爭觀，赫伊津哈舉西歐初期近代時君主間的戰爭為例來說明。對他們而言，戰爭是彼此遵守規則，同時在有限時間和場所中，競爭力量的「遊戲」那樣的東西。赫伊津哈說：「遵守遊戲規則如與諸民族、國家間之交涉的情況那樣，不是不可欠缺的。那一旦被破壞，則社會將陷入野蠻與混沌之中。但在另一面，我們不得不思考戰爭是回歸戰鬥技巧的精神之物，那會給予要求威信所進行的原始遊戲形式與內容。」總之，這種「遊戲」精神才會使國家間有時爆發的實力對決遵守一個規則。赫伊津哈於此看到了歐洲諸國共有國際法體系並持續共存的歷史起源。

丸山真男在一九六五年度的講義（《丸山真男講義錄》第五冊）中，也在討論「武士的習慣與其展開」時，明顯留下意識到赫伊津哈論述的語言。對於日本中世鎌倉時代的武士們絕不會暗算別人，會互相遵守規則戰鬥這點，他說：「戰鬥者彼此意識到身為武士的身分等質性，在對等且遵守一定手續後公平進行的遊戲——但那是賭上性命的嚴肅遊戲」。這句話本身是論述戰鬥的方法，但若我們把約翰・赫伊津哈對施密特的批判考慮進去的話，毋寧當將之重新解釋為論述在廣大的「政治」中之「遊戲」的意義。

又，同樣關於「遊戲」的丸山之發言中，他與鶴見俊輔的對談〈普遍的原理的立場（普遍的原理の立場）〉（一九六七年，收入《丸山真男座談》第七冊）中的語言是重要的。在該對談中，丸山高度評價在德川時代社會各種領域中，讓身體的禮儀做法發展為一種「型」之事。他說：「對於磨練型這件事，在全體文化體系有如此高程度完成的社會，除江戶時代以外，並沒有」。具體地說：他舉劍道中之「型」的修練，及遊廓中遊女習得的禮儀做法，強調在現代中學問也是必須有「型」的重要性。即遵守一定研究手續和邏輯結構等的「型」，如此方能在真正的意義上發揮個性和獨創性。

若我們再申論丸山之論的話，被囚禁在各種立場、各種意識形態的現代人在與

「政治」發生關係之時，「遊戲」精神所具的重要性就會浮現了。共有一定的制度和規則之後，通過公開說明自己的主義主張，方有可能說服他者。在有限的時空間中，不同立場的人彼此競爭，但若離開那一時空間，即鬥爭結束回復和平的共存關係。我想對於這種作為「遊戲」之政治可能性是丸山關心約翰・赫伊津哈的原因。這種「遊戲」精神不把現實視為固定之物，其中理當存在著支持我們探索各種可能性的現實主義思考之物。

苅部　直（KARUBE, Tadashi）

二〇一八年十二月七日

傳世 08

日本的思想

作　　者——丸山真男
譯　　者——藍弘岳
執 行 長——陳蕙慧
總 編 輯——李進文
校　　對——渣渣
行銷總監——陳雅雯
行銷企劃——尹子麟、余一霞、張宜倩
封面設計——霧室
封面插畫——黃正文
排　　版——簡單瑛設

國家圖書館出版品預行編目 (CIP) 資料

日本的思想 / 丸山真男 ; 藍弘岳譯 .
-- 初版 . -- 新北市 : 遠足文化 , 2019.09 (傳世 ; 8)
譯自 : 日本の思想
ISBN 978-986-508-016-7(平裝)
1. 思想史 2. 日本

113.1　　108010453

社　　長——郭重興
發行人兼出版總監——曾大福
出 版 者——遠足文化事業股份有限公司
地　　址——231 新北市新店區民權路 108-2 號 9 樓
電　　話——(02)2218-1417
傳　　真——(02)2218-0727
郵撥帳號——19504465
客服專線——0800-221-029
客服信箱——service@bookrep.com.tw
網　　址——http://www.bookrep.com.tw
臉書專頁——https://www.facebook.com/WalkersCulturalNo.1
法律顧問——華洋法律事務所　蘇文生律師
印　　製——呈靖彩藝有限公司

初版一刷 2019 年 9 月
初版二刷 2020 年 11 月
Printed in Taiwan

封面人物插圖根據 朝日新聞社 提供之照片